Das Bewusstsein
erschafft die Materie

Hans-Georg Koch

Das Bewusstsein erschafft die Materie

Das Universum ist das Gedankenkonstrukt
einer schöpferischen Intelligenz, die wir
Gott nennen.

Bibliografische Information der Deutschen Nationalbibliothek:

Die Deutsche Nationalbibliothek verzeichnet diese Publikation in der
Deutschen Nationalbibliografie; detaillierte bibliografische Daten sind im
Internet über http://dnb.dnb.de abrufbar.

Autor: Hans-Georg Koch
Korrektur und Lektorat: Brigitte Klein
Coverbild: Gerd Altmann

© 2018 Hans-Georg Koch
Herstellung und Verlag: BoD – Books on Demand, Norderstedt.

ISBN: 978-3-7528-2177-2

Die Inhalte dieser Publikation wurden sorgfältig recherchiert, aber dennoch haften Autor
oder Verlag nicht für die Folgen von Irrtümern, mit denen der vorliegende Text behaftet
sein könnte, oder für Folgen, die sich aus der Anwendung ergeben.

Was dieses Buch für dich tun kann

Es gibt keine Zufälle!

Dieser Satz mag für manche Leser vielleicht sehr provozierend erscheinen und auch heftig bestritten werden, dennoch entspricht er der Wahrheit. Was immer einem Menschen im Guten wie im Schlechten an äußeren Ereignissen widerfährt, nimmt seinen Anfang in der Psyche des Einzelnen.

Ich stimme jedem Kritiker sofort zu, der mir entgegnet, dass zum Beispiel die unschuldigen Opfer von schweren Verbrechen dieses ganz bestimmt nicht gewollt und willentlich verursacht haben! Dieser Meinung bin auch ich, niemand produziert sich absichtlich den blanken Horror. Wenn ein Mensch tatsächlich zum Opfer eines Verbrechens wurde, war dies ganz gewiss vom Betroffenen nicht gewollt, aber dennoch gibt es in der Psyche des Opfers etwas, das maßgeblich mitverantwortlich für ein solches äußeres Erleben ist. Es ist die bewusst akzeptierte Auswahl der eigenen Glaubenssätze, Gedanken, Fantasien, Gefühle und Erwartungen. Denn diese Faktoren entscheiden darüber, was jeder Einzelne von uns in der Außenwelt erlebt, oder eben auch nicht! Kurz gesagt, wer ständig Schlechtes denkt und glaubt, wird dieses Schlechte im Außen erleben.

Wir alle sind selbst verantwortlich für unser individuelles Schicksal, und zwar für alles, was uns geschieht, egal, ob dies eingesehen wird oder nicht. Es ist einfach eine feststehende Tatsache, deren Richtigkeit sich jedem erschließt, der nach Antworten nicht mehr nur in der Außenwelt, sondern auch in sich selbst sucht.

In diesem Buch erkläre ich dir ausführlich und mit verständlichen Worten, warum es so ist und wie du aus diesen Umständen sehr großen Nutzen für dich persönlich ziehen kannst.

Ich wünsche dir viel Spaß bei der Lektüre.

Inhalt

Einleitung

Dein Interesse an diesem Buch zeigt, dass du mit den herkömmlichen Meinungen nicht mehr zufrieden bist und dass du bereit bist, über den beschränkten Tellerrand der Allgemeinheit hinauszuschauen. Mit diesem Buch möchte ich dir eine andere, vor allem aber eine richtige und nützliche Sichtweise auf das Leben als solches und auf das Universum vermitteln. Diese neuen Informationen zeigen dir vielfältige Möglichkeiten auf, wie du, trotz aller Schwierigkeiten und Hindernisse, die dir im Moment vielleicht zu schaffen machen, aus eigener innerer Kraft heraus ein glückliches und erfülltes Leben führen kannst. Sei versichert, egal in welcher vermeintlichen Sackgasse du auch stecken magst, wie groß die Hindernisse augenscheinlich auch sein mögen, es gibt immer Auswege!

Meine Absicht ist es, dir zu zeigen, wie du dir selbst helfen kannst, indem du lernst, auf deine eigenen inneren Fähigkeiten zurückzugreifen. Diese in dir selbst steckenden Kräfte und Möglichkeiten sind mächtiger und „wissender" als du es dir vorstellen kannst. Und das Beste an ihnen ist: Diese Kräfte in dir sind immer bereit, dir zur helfen. Du kannst sie jederzeit nutzen und ihnen vorbehaltlos vertrauen.

Diese einzigartige Methode der Selbsthilfe ist auch als „dynamische Psychologie" bekannt. Sie funktioniert immer. Keine Sorge, ich werde es vermeiden, dich mit fremdwortreichen Ausführungen zu langweilen oder zu verwirren. Was ich dir vermitteln möchte, drücke ich in klaren, unmissverständlichen Worten und Sätzen aus. Außerdem formuliere ich die Informationen so, dass sie für dich logisch nachvollziehbar sind, was es dir sicherlich einfacher macht, diese Art der Hilfe bei dir selbst anzuwenden.

Habe Vertrauen, viele andere, auch ich, sind nicht ohne Krisen und Niederlagen durchs Leben gegangen und haben mitunter erst durch bittere Erfahrungen lernen müssen, anders zu denken und auch endlich den eigenen inneren Fähigkeiten zu vertrauen.

Zum Verständnis der Zusammenhänge ist es hilfreich, dich mit einigen grundsätzlichen Tatsachen vertraut zu machen, die so, wie ich sie hier beschreibe, bisher keinen oder nur geringen Eingang in Religion, Psychologie, Pädagogik und sonstigen Wissenschaften gefunden haben, obwohl sich die Vertreter dieser Disziplinen gerne damit rühmen, im Alleinbesitz von Wahrheit und Wissen zu sein. Besonders auf Religion, Jesus und das Christentum werde ich zur Erklärung näher eingehen.

Vielleicht gehörst du zu jenen Menschen, die mit Religion nichts zu tun haben wollen. Das verstehe ich durchaus, denn was die großen Religionen uns glauben machen wollen, kann man bestenfalls als Schwachsinn bezeichnen. Ihre Lehren führen die Menschen massenhaft in die Irre. Faktische Auskünfte über einen Schöpfergott können sie nicht geben. Das entzieht sich ihrem Wissen. Sie können dir deshalb nicht sagen, wie du dein Schicksal in die eigenen Hände nehmen und selbst steuern kannst.

Natürlich gibt es sehr viele und gute Gründe, die Lehren der zahlreichen Religionen abzulehnen. Zu diesen religionskritischen Menschen gehöre ich auch. Ich stehe allen etablierten Religionen ablehnend gegenüber. Aber andererseits habe ich auch die Erfahrung gemacht, dass es sehr wohl einen Schöpfergott gibt, ein geistiges Wesen, welches der Ursprung allen Lebens ist und dem wir die gesamte Schöpfung verdanken.

Diese liebende, alles umfassende schöpferische Intelligenz hat unser irdisches Dasein als eine Art „Lebensschule" erschaffen. Die wichtigste

Lektion auf dem „Lehrplan" dieser Schule ist, Vertrauen in die eigenen Fähigkeiten zu erwerben und zu verstehen, wie jeder Mensch selbst über den Verlauf seines Schicksals entscheidet.

Ich kann es dir bestätigen, ja, es gibt einen Schöpfer, den die meisten Menschen Gott nennen, aber dieser Gott hat kaum etwas mit den Beschreibungen des etablierten Christentums gemeinsam, denn er ist weder rachsüchtig noch zornig, sondern die reine Liebe und Vergebung.

Zu der Erkenntnis, dass es einen Schöpfergeist gibt, kannst auch du gelangen, wenn du damit beginnst, dich selbst zu erforschen und weiterführende Fragen zu stellen, wie diese beispielsweise: Warum funktioniert es, dass sich mein Erleben verändert, wenn ich meine Glaubenssätze ändere? Du wirst dann sehr schnell feststellen, dass dahinter Regeln und Gesetzmäßigkeiten stehen, die von Geburt an den Verlauf deines Schicksals bestimmen. Egal, ob du bisher davon wusstest, oder nicht.

Für manche Menschen steht der Begriff Glaubenssätze unauflöslich im direkten Zusammenhang mit einer Religion, weshalb sie die Beschäftigung mit ihren eigenen Glaubenssätzen insgesamt ablehnen. Aber es spielt keine Rolle, ob man irgendeiner Religion angehört oder auch nicht. Auch diese ablehnenden Menschen haben Glaubenssätze, die ihr Leben beeinflussen. Und auch für diese Menschen gibt es zur Veränderung der Lebenserfahrungen keinen anderen Weg, als die eigenen Glaubenssätze zu verändern.

Sehr viele Menschen beschäftigen sich bereits intensiv mit ihren Glaubenssätzen. Sie benutzen statt der Bezeichnung Glaubenssätze allerdings lieber den neutralen Begriff Affirmationen. Zugleich lehnen viele von ihnen die Tatsache ab, dass dieses irgendetwas mit irgendeiner Religion zu tun haben könnte. Sie begreifen zwar sehr wohl, dass destruktive Glaubenssätze sie hemmen und positive sie durchaus beflügeln können, aber warum das so ist, was dahinter steckt und weshalb es funktioniert, das wollen sie im Detail nicht wissen.

Mich hingegen hatte aber genau dieses ganz besonders interessiert, deswegen habe ich neugierig und fasziniert die Zusammenhänge erforscht. Das Ergebnis war verblüffend und hat mir die Augen geöffnet. Von den meisten „Experten" aus den Fachgebieten Religion, Psychologie und Pädagogik wirst du kaum hilfreiche Antworten zum Thema Schicksalslenkung und Entfaltung deines Potenzials bekommen können. Sie tappen genauso im Dunkeln, wie viele andere Menschen auch. Sie können dir auch nicht erklären, warum es zum Beispiel keine Zufälle gibt.

Deshalb möchte ich dich gleich zu Beginn des Buches über ein paar grundsätzliche und weit verbreitete Irrtümer aufklären. Eine erste wichtige Tatsache, die du verstehen solltest, ist dieser Sachverhalt:

Nicht die Materie hat irgendwie und irgendwann einmal das Leben hervor gebracht, sondern der lebende Geist, das lebendige Bewusstsein erschafft die Materie. Die unauslöschliche Energie des lebendigen göttlichen Bewusstseins [1] ist der Ursprung von allem Materiellen!

Das ist eine grundsätzliche Tatsache. Eine Wissenschaft, die das weder versteht, noch akzeptieren will, wird leider nie zu brauchbaren Erkenntnissen kommen. Sie wird endlos weiter im Nebel ihrer Unwissenheit herumstochern und nur Halbwahrheiten oder völligen Unsinn produzieren.

Ganz vorne weg noch eines: Egal, was man auch immer von der christlichen Religion halten mag – ihr Begründer Jesus Christus war ohne jeden Zweifel ein Wissender, der seine Aufgabe hauptsächlich darin sah, die Gläubigen, also jene Menschen, die so wie du jetzt, offen für seine Botschaft waren, im Gebrauch der wahren spirituellen Grundsätze anzuleiten, damit sie sich selber helfen können.

Um dir diese wesentlichen Grundsätze des Lebens nahe zu bringen, ist es erforderlich, die stark verfälschten Ansichten der christlichen Religion geradezurücken. Denn was heute offizielle Kirchenlehre des Christentums ist, hat nur wenig mit dem zu tun, was Jesus einst lehrte. Jesus war ein äußerst begabter und wissender Lehrmeister. Er hatte seinen Anhängern, heute würde mal wohl von seinen Fans sprechen, mit vielen simplen Gleichnissen und einfachen Worten den Weg zum irdischen Glück beschrieben, mit Worten wie diesen, die bis heute gültig sind und nie ihre Bedeutung verloren hatten:

Alles ist dem möglich, der da glaubt!

Der Glaube ist es, der Hilfe schafft. Der Glaube ist es, der zum Ziel führt. Und wie aus den von Jesus angeführten Beispielen deutlich wird, hat er damit stets einen zielführenden Glaubenssatz gemeint.

Für den Verlauf deines Schicksals ist es deshalb von größter Wichtigkeit, dir die richtigen Glaubenssätze anzueignen – und zwar widerspruchsfrei.

Mit diesem Buch zeige ich dir die echten, die wahren, die tatsächlichen Grundlagen unserer Existenz auf. Dies mag sich vielleicht sehr großspurig anhören, weil viele vermeintliche Experten diese Ansichten nicht teilen und mitunter sogar heftig bestreiten. Aber dennoch ist es so, wie ich es schildere. Du kannst dir die Beweise für die Richtigkeit meiner Ausführungen jederzeit selbst beschaffen. Die Wahrheit liegt in dir selbst! Alles was du brauchst, ist nur der Entschluss, dich darauf einzulassen und es auszuprobieren. Dann beweisen sich meine Behauptungen wie von selbst.

Einer der dümmsten Glaubenssätze der Menschheitsgeschichte ist dieser weit verbreitete Satz:

„Die Materie hat im Laufe von Milliarden Jahren das Leben hervorgebracht".

Dies ist ein Glaubenssatz, der bereits vielen Generationen von Wissenschaftlern als Ausgangsbasis für ihre Arbeiten diente und auch heute meistens nicht als das erkannt wird, was er in Wirklichkeit ist, nämlich ein falscher Glaubenssatz, der mit der objektiven Realität etwa so viel zu tun hat, wie das Kaffeesatzlesen mit dem Börsengeschehen. Wie viele andere Glaubenssätze auch, wird er einfach von Generation zu Generation weitergegeben, von einer Mehrheit vorbehaltlos übernommen und nur selten bis garnicht von kritischen Menschen auf Richtigkeit überprüft.

Nahezu alle Experten und Forscher aus den unterschiedlichsten Disziplinen wie z. B. der Medizin, haben diesen falschen Glaubenssatz kritiklos akzeptiert und wundern sich dann, wenn es immer wieder Vorkommnisse gibt, die nicht in dieses falsche Weltbild passen, das auf diesem Glaubenssatz basiert. Nur selten werden solche Vorgänge als Anlass genommen, die Richtigkeit der eigenen bisherigen Grundannahmen zu überprüfen. Meistens werden solche, nicht mit dem eigenen falschen Glaubenssatz in Einklang zu bringende Vorkommnisse ignoriert oder geleugnet und das Ereignis als „Spinnerei" abgetan.

Auch die christlichen Religionen sind von diesem falschen Glaubenssatz deformiert worden. Statt zu akzeptieren und weiterzuverbreiten, was ihr Gründer Jesus stets gesagt hatte, dass es im gesamten Universum nichts außer Geist gibt, konkret gesagt, nichts außer lebendiges Bewusstsein, haben auch die Kirchenvertreter diesen schwachsinnigen Glaubenssatz übernommen und Gott, den Schöpfergeist, ins „Irgendwohin" außerhalb des Universums verschoben.

Wie aber die Physik, angeführt vom Genie Albert Einstein und vielen anderen klugen Forschern, inzwischen als Tatsache herausgefunden hat, ist das Universum unendlich. Das heißt, es hat keine Grenzen. Deshalb gibt es kein „außerhalb" des Universums, weil dieses eine Begrenzung nach innen voraussetzen würde. Es kann deshalb logischerweise irgendwo außerhalb des Universums auch keinen Gott geben, das lässt das Konzept der Unendlichkeit überhaupt nicht zu, denn, wie bereits gesagt, es gibt kein Außen. Ich verstehe natürlich, dass diese Fakten für viele Menschen nur schwer verständlich sind, schließlich sind wir es gewohnt, in Polaritäten zu denken, aber dennoch ist es so.

Das Universum wird auch nie ein Ende haben, denn dieses wäre ebenfalls eine Grenze. Logischerweise hatte es damit auch nie einen Beginn, was für viele Menschen sicher ganz besonders irritierend ist. Aber das Bewusstsein war einfach schon immer da und es ist ausschließlich lebendiges Sein - genauer gesagt, das Universum ist lebendiges Bewusstsein des allumfassenden Schöpfers, aus dessen Energie alle Atome des Universum gebildet sind. Mit der Entstehung des Universums, wie wir es heute kennen, wurden für uns Menschen und alle anderen Lebewesen eine neue Erfahrungsbasis erschaffen, die vor allem unserer individuellen Weiterentwicklung dient.

Das Universums ist nichts anderes als das geniale Gedankenkonstrukt einer lebendigen Superintelligenz, die zugleich in allem präsent ist, was sie aus sich selbst heraus geschaffen hat. Gott, der Schöpfer, ist die lebendige und sich selbst bewusste Energie, aus der alles besteht, was da ist – alles Sichtbare und alles Unsichtbare.

14

Gott kann deshalb nicht von der Schöpfung getrennt, oder nach irgendwohin außerhalb des Universums verortet werden, wie man es bis heute von Seiten einiger Religionen gerne macht. Er ist in seiner Schöpfung, die es ohne ihn nicht geben würde, dauerhaft präsent und auf diese Weise für Menschen, die sich ausschließlich auf ihre körperlichen Sinneseindrücke verlassen, zugleich auch völlig unsichtbar.

Du bist göttlichen Ursprungs

Hast du dir schon einmal die Frage gestellt und darüber nachgedacht, wer du eigentlich bist? Damit ist natürlich nicht die übliche Fragestellung nach Namen und Abstammung gemeint, sondern die Suche nach einer Antwort in einem viel tieferen Sinn.

Viele Menschen identifizieren sich ausschließlich mit ihrem Körper. Leider ist das nur eine sehr unvollkommene Betrachtungsweise. Wir haben zwar einen leiblichen Körper, mit dem wir handeln und mit dem wir durch unsere Sinnesorgane die Welt erfahren können. Das allein ist aber nur die halbe Wahrheit. Auch wenn wir über unsere Sinne die Welt erfassen und unser Körper von der kontinuierlichen Zufuhr lebenswichtiger Elemente wie Luft, Wasser und Nahrung abhängig ist, sind wir alle doch noch viel mehr.

Wir sind auch Geist, oder anders ausgedrückt, wir sind auch unsterbliches Bewusstsein, wir sind seelische Energie, die nicht ausgelöscht werden kann. Wir sind, und das gilt für jedes einzelne Lebewesen und ist absolut wörtlich zu nehmen, der individualisierte Teil eines lebendigen Gottes!

Jeder einzelne Mensch und jedes Lebewesen ist göttlichen Ursprungs. Unsere Lebensenergie, unser Bewusstsein, sämtliche Atome unseres Körpers werden gebildet aus der gigantischen Energie eines intelligenten Schöpfergeistes, von dem wir alle ein Teil sind und den wir seit ewigen Zeiten Gott nennen.

Um dieses verständlich zu machen, greife ich auf das zurück, was Jesus einst darüber sagte, denn er hatte die damals lebenden Menschen sehr genau über Gott aufgeklärt. Leider haben viele dieser wichtigen Auskünfte keinen Eingang in die Bibel gefunden. Sie widersprachen zu sehr der bewusst gewollten Unwissenheit der Gläubigen und dem Märchen von der Erlösung aller Menschen durch die Kreuzigung.

Deshalb wurden auf dem Ersten Konzil von Nicäa im Jahr 325 viele aufklärende Berichte, die Jesus über Gottes Existenz der Nachwelt hinterlassen hatte, nicht in den Kanon der biblischen Schriften aufgenommen. Diese teils abgelehnten oder damals nicht vorliegenden Berichte bezeichnet man als Apokryphen, das heißt als verborgene, von der öffentlichen Verbreitung ausgeschlossene Schriften. Falsch sind sie dennoch nicht. Sie waren nur entweder nicht bekannt, oder man wollte sie nicht in die Bibel aufnehmen, um ihre weitere Verbreitung zu verhindern.

Einige dieser aufklärenden Aussagen, die man dir gern vorenthalten will, möchte ich dir jetzt bekannt machen. Es sind ein paar beispielhafte Texte aus den Apokryphen mit klaren Aussagen zu dem, was Jesus seinerzeit über Gott zu sagen hatte.

Das Thomas-Evangelium, ein weiteres Evangelium, welches neben vielen anderen keinen Eingang in die Bibel gefunden hat, lautet im Spruch 77 völlig unmissverständlich:

„Ich bin das Licht, das über alle ist. Ich bin das All, das All ist aus mir hervorgegangen, und das All ist zu mir gelangt. Spaltet ein Stück Holz, und ich bin da. Hebt einen Stein, und Ihr werdet mich dort finden."

Das ist so eindeutig in der Aussage, dass es keinen Raum für Missverständnisse läßt. Gott, der schöpferische Geist, der hinter allem Sichtbaren und Unsichtbaren steckt, ließ über seinen Gesandten Jesus diese Erklärung hinsichtlich seiner Existenz an die Menschen verkünden:

„Ich bin das All (Universum), das aus mir selbst hervorgegangen ist."

Wenn Gott das All ist, dann gibt es selbstverständlich im gesamten Universum nichts, was nicht auch zugleich „göttlich und heilig" ist. Aus den weiteren Beschreibungen geht deshalb logisch hervor, dass Gott überall zu finden ist. Der Oxyrhynchus-Papyrus (ein auf Papyrus geschriebenes Manuskript mit Botschaften aus der Lebenszeit Jesus) ist an diesem Punkt ebenfalls sehr eindeutig:

„Wo immer zwei sind, sind sie nie ohne Gott, und wo immer einer alleine ist, so sage ich, bin ich mit ihm. Wende den Stein um, und du wirst mich darunter finden. Spalte das Holz, und ich bin dort.

Zusammen mit vielen anderen Aussagen, die trotz der Auswahl des Ersten Konzils von Nicäa in der Bibel verblieben sind, wie zum Beispiel

„Gott ist Geist."
„Alle Dinge sind durch dasselbe gemacht, und ohne dasselbe ist nichts gemacht, was gemacht ist."
„In ihm (Gott, All, Universum) leben, weben und sind wir."
„Wisst ihr nicht, dass ihr Gottes Tempel seid und der Geist Gottes in euch wohnt? Der Tempel Gottes ist heilig, und der seid ihr."

ergibt sich ein klares und eindeutiges Bild, das Jesus uns hinterlassen hatte. Gott ist das gesamte Universum mit allem Sichtbaren und Unsichtbaren darin. Schöpfer und Schöpfung sind identisch. Wohin man auch schaut, man sieht neben dem vordergründigen Gegenstand der Betrachtung immer auch den göttlichen Schöpfer dahinter, aus dessen Energie dieser Gegenstand gebildet wird. Was immer man berührt, man berührt immer auch die eine Gottheit.

Genau dieses haben inzwischen auch viele moderne Physiker erkannt. Beispielhaft möchte ich an dieser Stelle den kanadischen Atom- und Astrophysiker Hubert Reeves, der wegen seiner wissenschaftlichen Arbeiten 2001 mit der „Albert-Einstein-Medaille" ausgezeichnet wurde, zu Wort kommen lassen:

„Der Mensch ist die dümmste Spezies! Er verehrt einen unsichtbaren Gott und tötet eine sichtbare Natur, ohne zu wissen, dass diese Natur, die er vernichtet, dieser unsichtbare Gott ist, den er verehrt."

Von der untrennbaren Identität zwischen Schöpfer und Schöpfung wussten nicht nur Jesus und seine Jünger, sondern auch andere Religionen. Im Hinduismus ist es der eine Gott Brahman. Brahman ist das Absolute. Alles, was ist, ist Brahman oder das heilige Wort. Brahman ist die unveränderliche, unendliche, immanente und transzendente Realität, welche den Grund aller Materie, Energie, Zeit, Raum, Sein und alles über dem Universum darstellt. Brahman ist identisch mit dem, was Er geschaffen hat und in dem Er allgegenwärtig ist. Brahman ist der Kosmos, die Weltseele, die alle Einzelseelen enthält, so wie auch das Meer alle Wassertropfen enthält und doch mehr ist, als nur die Summe aller einzelnen Tropfen. In den Upanischaden wird es so beschrieben:

„Die eine Gottheit verbirgt sich in jedem Lebewesen, dennoch durch-
dringt Er alles und ist das innerste Wesen in Allem. Er vollbringt jede
Arbeit und hat seinen Wohnsitz in Allem. Er ist das Zeugnis ablegende
Bewusstsein, formlos und unsterblich."

Dem kann ich nur beipflichten. Jeder Mensch ist einer dieser vielen Einzelseelen, die in der einen übergeordneten Seele des Universums enthalten
sind. Tatsächlich sind wir alle göttlichen Ursprungs und Teil des einen
lebendigen Gottes. Und weil dieser Schöpfer das innerste Wesen in Allem
ist, gibt es auch nichts, von dem dieses allumfassende Bewusstsein nichts
weiß oder das man vor Gott verbergen könnte, darum sagte Jesus:

„Es fällt kein Sperling vom Himmel, ohne dass Gott es weiß."

Die Behauptung, dass das Universum ein aus Energie bestehendes lebendes Ganzes ist, deckt sich mit den aktuellen Erkenntnissen der modernen Physik. Max Planck, der Begründer der Quantenphysik, kam nach
der Erforschung der Materie zu dieser Erkenntnis:

„Als Physiker, also als Mann, der sein ganzes Leben der nüchternen
Wissenschaft, der Erforschung der Materie diente, bin ich sicher von
dem Verdacht frei, für einen Schwarmgeist gehalten zu werden. Und
so sage ich nach meinen Erforschungen des Atoms Folgendes: Es gibt
keine Materie an sich. Alle Materie entsteht und besteht nur durch
eine Kraft, welche die Atomteilchen in Schwingung bringt und sie zum
winzigsten Sonnensystem des Alls zusammenhält.
(…) so müssen wir hinter dieser Kraft einen bewussten intelligenten
Geist annehmen. Dieser Geist ist der Urgrund aller Materie. Nicht die
sichtbare, aber vergängliche Materie ist das Reale, Wahre, Wirkliche -
denn die Materie bestünde ohne den Geist überhaupt nicht -, sondern

der unsichtbare, unsterbliche Geist ist das Wahre!

(…) so scheue ich mich nicht, diesen geheimnisvollen Schöpfer
ebenso zu nennen, wie ihn alle alten Kulturvölker der Erde früherer
Jahrtausende genannt haben: GOTT!" [2]

Und weiter führte Max Planck aus:

„Zwischen Religion und Naturwissenschaft finden wir nirgends ei-
nen Widerspruch. Sie schließen sich nicht aus, wie manche glauben
und fürchten, sondern sie ergänzen und bedingen einander." [3]

Auch das große Physikgenie Albert Einstein kam nach seinen Studien
zur gleichen Erkenntnis, die er so zusammenfasste:

„Was Materie angeht, lagen wir alle falsch. Was wir Materie nen-
nen ist Energie, deren Schwingung so gesenkt wurde, dass sie für die
Sinne wahrnehmbar ist. Es gibt keine Materie an sich. Materie und
Energie sind zwei Seiten der gleichen Münze."

Der deutsche Physiker Prof. Dr. Hans-Peter Dürr, Mitglied im Direk-
torium des Max-Planck-Instituts für Quantenphysik kam nach intensiver
Erforschung der Materie ebenfalls zu dieser Erkenntnis:

„Materie gibt es nicht wirklich, sie ist nur eine Illusion. Die
Materie ist ein Produkt des Geistes." [4]

Nur damit wir uns nicht missverstehen, das Vorstehende habe ich nicht
geschrieben, um dich für eine Religion zu begeistern, sondern ausschließlich zu dem alleinigen Zweck, dir deine göttliche Herkunft und dein göttliches Wesen vor Augen zu halten. Denn im Grunde genommen bist du
unsterblicher Geist, ewig lebendes Bewusstsein. Das Wahre und Wirkliche

an dir ist nicht dein vergänglicher Körper, sondern nur dein unvergängliches Bewusstsein. Wenn du dich ausschließlich über deinen alternden und sterblichen Körper identifizierst, verneinst du die gewaltige Kraftquelle in dir selbst, die dir jederzeit hilfreich zur Seite stehen kann.

Weil du ein Teil des Universums bist, das zugleich der universelle Schöpfergeist ist, den wir Gott nennen, ist dein Bewusstsein verständlicherweise unauflöslich mit dem göttlichen Bewusstsein verbunden. Lediglich psychologische und mentale Barrieren hindern dich daran, dieses zu erfassen. Trotzdem ist es so - in den Tiefen deines Unbewussten bist du mit dem göttlichen Bewusstsein verbunden und dort gibt es eine Instanz, die nur darauf wartet, dir allzeit hilfreich zur Seite zu stehen.

Diese Instanz im eigenen Inneren war vielen Menschen zu allen Zeiten bekannt. Leider hat diese Tatsache bis heute noch nicht den Status des Allgemeinwissens erreicht. Ein Grund für dieses Manko ist vermutlich der Umstand, dass die Existenz dieser inneren Instanz nicht durch „objektive" Wissenschaft bewiesen werden kann. Ihre Existenz ist nur subjektiv durch eigenes Erleben erfahrbar. Ein weiterer Grund für diese Unkenntnis liegt sicherlich darin, dass viele Menschen es nicht gewohnt sind, ehrlich mit sich selbst umzugehen und sich selbst zu erforschen.

Du selbst kannst diese Instanz jedoch jederzeit als Wirklichkeit erleben und ihren Einfluss auf die Außenwelt zu spüren bekommen. Es ist nur nötig gleichermaßen die Innen- und die Außenwelt sorgsam zu beobachten. Dann wirst du feststellen, dass dein äußeres Erleben sich ändert, sobald deine innere Einstellung sich ändert. Das heißt konkret, sobald von dir bessere neue Gedanken an die Stelle alter hinderlicher gesetzt werden, ändert sich auch deine Außenwelt, speziell dein äußeres

Erleben, entsprechend. Es liegt dann nur noch Zeit dazwischen, die allerdings unterschiedlich lang sein kann.

Lässt du dich auch nur einmal darauf ein und vertraust dieser inneren Instanz, die von manchen Menschen „Inneres Selbst", von anderen „Höheres Selbst" oder „Innerer Helfer" genannt wird, brauchst du keine äußeren Beweise mehr für die Existenz dieser machtvollen Intelligenz in deinem eigenen Inneren.

Das „Innere Selbst" erschafft deine gesamte persönliche Realität und gestaltet deine Erfahrungswelt durch die Verwirklichung deiner zu Glaubenssätzen erhärteten Überzeugungen, die du über dich selbst, über die Welt, das Leben allgemein und über andere Menschen hast. Das „Innere Selbst" ist dein Schicksalslenker, es erschafft deine Lebenserfahrungen. Es kann dir natürlich auch alle guten Lebenserfahrungen erschaffen, die du gerne machen möchtest. Das hängt nur von deinen Gedanken, deinen Glaubenssätzen und deinen Erwartungen ab. Zugleich ist das „Innere Selbst" die niemals versiegende Kraftquelle in dir selbst, auf die du dich immer verlassen kannst.

Versuche es einmal so zu betrachten. Wie von einem gigantischen Eisberg im Meer nur eine kleine Spitze von etwa einem Siebtel zu sehen ist, während der große Rest von sechs Siebtel unter der Oberfläche liegt, so ist es auch mit dem menschlichen Bewusstsein. Das vorhandene „Wachbewusstsein" mit dem du dich selbst identifizierst, also das, was du als dein ICH, als dein Ego empfindest, umfasst nur einen kleinen Teil des Gesamten, eben die Spitze des Eisbergs. Der weitaus größere und mächtigere Teil liegt als dein „Unterbewusstsein" verborgen unter der Oberfläche. Aber dieser größere Teil deiner Psyche ist dir ebenso zugänglich, sobald du nur deine Aufmerksamkeit bewusst nach innen richtest und damit beginnst, deine Innenwelt zu beobachten und zu erforschen.

Das dort im Unterbewussten ansässige „Innere Selbst" ist viel intelligenter und wissender als du es bist, denn es bezieht nicht nur die Informationen von dir, sondern auch nützliche telepathische Informationen aus dem göttlichen „Überbewusstsein", welches noch ferner von dem liegt, was du als dein ICH empfindest. Es ist damit praktisch allwissend. An diesem inneren Wissen kannst du jeder Zeit ganz bewusst teilhaben.

Unbewusst nutzen viele Menschen das Wissen des „Inneren Selbst" in ihnen, auch wenn sie nicht wissen wie und warum es funktioniert. Es offenbart sich ihnen dann meistens als Intuition und wird mitunter als „mein Bauchgefühl" beschrieben. Dieses ist möglich, weil das „Innere Selbst" die Schranken von Raum und Zeit nicht kennt. Es ist praktisch zuhause in einer Dimension, in der Zeit nicht die geringste Rolle spielt, sondern alle Ereignisse im zeitlosen, ewigen „JETZT" stattfinden. Diese Umstände machen es dem „Inneren Selbst" möglich, im Voraus zu erfassen, welche Auswirkungen bestimmte Entscheidungen auf dich und dein Leben haben werden.

Sind sehr schlimme Folgen zu erwarten, wird dein „Inneres Selbst" alles mögliche unternehmen, um dich zu schützen. Einer dieser Schutzmechanismen ist die Intuition, die dir mit Wissen von innen helfen kann, die getroffene Entscheidung zu revidieren. In anderen Fällen drückt sich die Warnung auch in Träumen aus.

Natürlich kannst du solche Warnungen allesamt ignorieren und bei deinen Entscheidungen bleiben. Dann lernst du eben durch schlechte Erfahrungen, durch Schmerzen, Verlust und Leid. Besser ist es aber allemal für dich, du akzeptierst das innere Wissen und richtest deine Entscheidungen danach aus.

Versuche daher die bewusste Verbindung zu dieser Instanz in deinem Inneren zu vertiefen, es ist die beste und nützlichste Partnerschaft, die du überhaupt eingehen kannst. Bringe zu diesem Zweck Stille in deine Gedanken und lausche in dich hinein. Erzwinge nichts und beobachte nur. Habe Geduld, lausche nur in dich hinein, kommentiere nichts und bewerte nichts – dann wird sich schon bald die leise Stimme deines „Inneren Selbst" in dir bemerkbar machen, die dir Wissen und Rat zukommen lässt.

Wieweit dir das „Innere Selbst", wie ich es grundsätzlich nenne, helfen kann, hängt nur davon ab, wie sehr du bereit bist, dieser Instanz in dir selbst zu vertrauen. Je größer dein Vertrauen ist, umso rascher und eindrucksvoller fallen die Ergebnisse aus. Zweifel hingegen machen vieles von dem zunichte, was machbar und möglich wäre. Anders gesagt, an das „Innere Selbst" gerichtete Wünsche erfüllen sich nach dem Maß deiner Glaubensstärke. Je stärker und unerschütterlicher dein Glaube ist, umso besser kann dir dein „Inneres Selbst" helfen. Vertrauen und Glauben sind die wichtigsten Voraussetzungen für angestrebte positive Veränderungen. Darauf hatte schon Jesus hingewiesen:

„Alles ist dem möglich, der Glauben hat. Alles, worum ihr betet und bittet - glaubt nur, dass ihr es schon erhalten habt, dann wird es euch zuteil."

Auf diese Aussage von Jesus werden wir noch öfter zu sprechen kommen. Doch zunächst einmal wollen wir vor allem dieses festhalten: Die Kraftquelle in dir kann Wunder wirken, aber es hängt von deinem Vertrauen ab. Wo das

Vertrauen nur gering ist und Zweifel überwiegen, kann die Hilfe von innen nicht voll wirksam werden. Um einen besseren Kontakt zu deinem „Inneren Selbst" zu bekommen, sind diese Eigensuggestionen sehr hilfreich:

„Ich vertraue meinem Inneren Selbst, ich bin jetzt eins mit meinem Inneren Selbst und habe Teil an seinem Wissen und seiner Weisheit. Das Innere Selbst gibt mir Kraft, Hoffnung und den Mut, das Richtige zu tun. Das Innere Selbst wirkt durch mich und führt mich auch heute wieder zu größerer Gesundheit, Kraft und Harmonie, zum Erfolg, zu Reichtum, Fülle und Überfluss. Heute denke ich nur Gutes, um meinem Inneren Selbst das Wirken zu erleichtern."

Dieser Zugriff auf die Hilfe des eigenen „Inneren Selbst" bildet die Basis der "dynamischen Psychologie". Mit dieser Methode kann sich jeder Mensch selbst sofort erfolgreich helfen. Die Anwendung erfordert keine langwierige Ausbildung und kein Studieren wissenschaftlicher Abhandlungen. Jeder ist in der Lage, auf diese einfache Weise die gewaltigen Tiefenkräfte der eigenen Psyche konstruktiv zu nutzen und vertrauensvoll zum eigenen Wohl wirken zu lassen. Du musst nur deine Gedanken ändern – mehr ist dafür nicht erforderlich!

Diese Hilfe wird dir sofort zuteil, sobald du sie nicht mehr in der Außenwelt suchst, sondern in dir selbst. Denn in dir selbst steckt alle Kraft, die du brauchst. Alle Möglichkeiten zur Veränderung deines Schicksals stecken nur in dir selbst. Sobald du deine Innenwelt durch ein besseres Denken veränderst, wandelt sich wie durch Zauberei auch deine Außenwelt zum Besseren. Das liegt daran, weil deine Außenwelt praktisch nur eine Projektion deiner Innenwelt ist. Deine Außenwelt ist nichts anderes als deine sichtbar gemachten inneren Einstellungen, die Verwirklichung deiner Glaubenssätze. An dieser Projektion kannst du in der Außenwelt nichts ändern. Verändern kannst du nur deine Innenwelt, die dann eine bessere Außenwelt zur Folge hat.

In der Zeitspanne zwischen dem Wirken von Jesus und dem Ersten Konzil von Nicäa im Jahr 325 war noch allgemein bekannt, was Jesus tatsächlich gelehrt hatte, sogar bis in die höchsten Kreise des römischen Imperiums hinein. So äußerte sich zum Beispiel der römische Kaiser Marcus Aurelius (121 – 180 n. Chr.) öffentlich in seinen Selbstbetrachtungen mit diesen Worten:

"Das Glück deines Lebens hängt von der Beschaffenheit deiner Gedanken ab. Unser Leben (gemeint ist das Schicksal) ist das Produkt unserer Gedanken."

Das entspricht genau dem, was Jesus auch gelehrt hatte. Wenn du zu anderen und besseren Glaubenssätzen kommen willst, so geht dies nur, wenn du deine Gedanken zum besseren veränderst. Denn Gedanken sind der Ausgangspunkt von allem, sie sind die Bausteine, die dein Schicksal prägen. Gedanken haben eine realitätsbildende Wirkung. Sie beeinflussen dich, dein Wohlbefinden, deine Gefühle und deine Wahrnehmung, vor allem aber beeinflussen sie dein bewusstes und unbewusstes Handeln. Denn dein Handeln und Unterlassen ist lediglich die Verlängerung deines Denkens. Diese Wirkung lässt sich nicht abschalten. Sie ist vorhanden und sie ist unabänderlich.

Erfolg beginnt im Kopf – Misserfolg allerdings auch!

Lasse dich vom sinnfreien Geschwätz irgendwelcher vermeintlichen Experten, besonders von jenen aus Kirchenämtern, nicht irreführen. Erstens verstehen die meisten dieser „Fachleute" ohnehin nichts von dem, worüber sie aufgrund ihrer beruflichen Stellung eigentlich große fachliche Kompetenz haben müssten und zweitens müssen sie den Unsinn nicht ausbaden, den sie dir vermitteln, sondern du. Nur du musst die Folgen untauglicher Glaubenssätze ertragen, welche dir aus jenen Kreisen dogmatisch „ans Herz gelegt" werden. Nimm lieber dein Schicksal selbst in die Hand. Denke selbst, vertraue dir selbst und vertraue der Kraft, die in dir steckt und Wunder für dich bewirken kann.

Der deutsche Mystiker Meister Eckhart (1260 - 1327) war ein einflussreicher spätmittelalterlicher Theologe und Philosoph im Dominikaner-Orden. Auch ihm war das Wirken des „Inneren Selbst" und dessen unbeschränkten Fähigkeiten bekannt. Er verwies deshalb immer wieder darauf, sich von einschränkenden Glaubenssätzen frei zu machen:

„Wir selbst sind die Ursache aller unserer Hindernisse. Dich kann niemand behindern als nur du dich selbst!"

Wegen dieser von der offiziellen Kirchenlehre abweichenden Meinung wurde Eckhardt später wegen Häresie (Irrlehre, Abweichung von der Rechtgläubigkeit) denunziert und angeklagt. Er verstarb allerdings vor dem Abschluss des Inquisitionsgerichtes gegen ihn, das ihm möglicherweise den Flammentod gebracht hätte.

Aber Meister Eckhardt hatte Recht. Niemand kann dich unglücklich machen, außer du dich selbst. Glück oder Unglück - alles, was dich von der Erfüllung deiner Wünsche und von deinem ersehnten Glück trennt, sind nur die Hindernisse in dir selbst in Gestalt von untauglichen Glaubenssätzen. Das Gute daran ist, sie können von dir durch bessere Glaubnssätze ersetzt werden. Sogar sehr einfach und niemand könnte dich daran hindern. Jesus lehrte deshalb seinen Zuhörern zu seinen Lebzeiten auch dieses:

„Die Wahrheit wird euch frei machen."

Das stimmt tatsächlich! Wenn du erst einmal verstanden hast, dass dich nur dein bisheriges Denken und die Auswahl deiner eigenen Glaubenssätze von allem trennt, was du dir wünschst und was gut und richtig für dich ist – dann bist du frei. Denn dann kannst du durch die bewusste Änderung deiner Gedanken und deiner Glaubenssätze über deine persönlichen Lebenserfahrungen selbst entscheiden.

Das Leben ist unvergängliches Bewusstsein

Man kann es nicht deutlich genug sagen, aber die weit verbreitete materialistische Betrachtungsweise, das individuelle Bewusstsein wäre lediglich ein Produkt des Gehirns und erlischt mit dem Tod des Körpers, ist absolut falsch und gehört auf den Müllhaufen der Geschichte. Die Realität sieht anders aus. Das Leben ist in Wirklichkeit eine rein geistige Existenz aus unvergänglicher Energie, die man am besten als unauslöschliches Bewusstsein aus reiner Energie bezeichnet. Dieses persönliche Bewusstsein kann auch über den irdischen Tod hinaus weiterhin das Umfeld wahrnehmen, denken, fühlen und kommunizieren. Durch den irdischen Tod wird die seelische Integrität des Individuums in keiner Weise verletzt. Auch nach dem Tod bleibt das Individuum mit seiner Persönlichkeit, seinem Wissen, seinem Charakter, seinen Ansichten und seinen gesammelten Erfahrungen völlig intakt erhalten.

Der irdische Tod eines Menschen bedeutet nur die Beendigung der von vorn herein befristeten Verbindung des individuellen Bewusstseins einer Person mit dem materiellen Körper und damit verbunden, der Übergang eines Menschen vom irdischen Dasein in eine andere Sphäre. Denn unabhängig davon, ob es allgemein akzeptiert wird oder nicht, wird die Materie vom Bewusstsein erschaffen und nicht anders herum. Die vielfach akzeptierte Annahme, die tote Materie hätte irgendwann im Verlauf von vielen Millionen oder Milliarden Jahren das Leben hervorgebracht, ist völlig falsch und geht gründlich an der Realität vorbei.

Das gesamte Universum besteht im Kern nur aus purer Energie, die Bewusstsein hat und über eine Superintelligenz verfügt. Dieser gewaltige Energiekern ist unser aller Schöpfer und zugleich das, was wir allgemein GOTT nennen. Auch wenn uns unsere körperlichen Sinne täglich etwas anderes vorgaukeln, gibt es in Wirklichkeit im gesamten Universum nichts, was man als „feste Materie" bezeichnen könnte. Diese Täuschung durch die körperlichen Sinne ist zwar erforderlich, damit wir in unserer materiellen Welt Lebenserfahrungen machen können. Aber diese Täuschung endet schlagartig mit dem irdischen Tod, oder wenn aus anderen Gründen das Bewusstsein vorübergehend den Körper verlässt. Letzteres geschieht häufig, wenn sich ein Mensch durch Unfall, Operation oder ähnliches an der Schwelle des Todes befindet.

Mit diesen außerkörperlichen Erfahrungen befassen sich inzwischen immer mehr Forscher. Sie haben Tausende von Fällen untersucht und sorgfältig dokumentiert, wie klinisch tote Patienten an der Schwelle des endgültigen Todes ganz unzweifelhaft mit ihrem Bewusstsein ihren Körper verlassen und dennoch alles wahrgenommen hatten, was um sie herum geschehen ist.

Das wirft bei vielen Menschen, die von ihrem rein materialistischen Weltbild nicht lassen wollen, natürlich Zweifel auf. Sie verlangen nach unwiderlegbaren Beweisen, die zudem noch wissenschaftlich untermauert sein müssen. Es liegt allerdings in der Natur der Sache, dass diese geforderte Beweisführung nicht möglich ist, denn es würde grundsätzlich bedeuten, dass ein Verstorbener, dessen Tod ganz zweifelsfrei festgestellt wurde, nach einiger Zeit wieder in den leblosen, von den beginnenden Verwesungsprozessen geschädigten, Körper zurückkehrt und sein bisheriges Leben weiterführt.

Medizinisch gilt ein Mensch als tot, wenn sein Herz nicht mehr schlägt. Ist der Herzstillstand eingetreten, wird kein Blut mehr durch den Körper gepumpt und die Sauerstoffversorgung der Organe eingestellt. Dadurch verlieren sie ihre Funktionalität. Besonders schädigend wirkt sich der Sauerstoffmangel auf das Gehirn aus. Es kann ohne kontinuierliche Sauerstoffversorgung nicht weiterarbeiten. Schon nach kurzer Zeit sind keine Körperreflexe mehr vorhanden. Die Hirnrinde, die für unser Denken verantwortlich ist, bleibt noch etwa 10 bis 20 Sekunden lang nach dem Herzstillstand aktiv. Danach beginnt eine unumkehrbare Kettenreaktion, die das Absterben der Körper- und Gehirnzellen einleitet. Schon nach wenigen Minuten ist die Schädigung des Gehirns irreparabel. Wollte ein Verstorbener in diesen geschädigten Körper zurückkehren, um aus dem Jenseits zu berichten, könnte er aufgrund der fortgeschrittenen Zellzerstörung des Körpers, vor allem des Gehirns, keine körperlichen Aktivitäten mehr entfalten.

Alle bekannten Fälle, wo klinisch tote Menschen noch viele Stunden nach Feststellung ihres Todes wieder ins Leben zurückkehrten und danach unbeschadet weiterlebten, hatten eine bedeutende Gemeinsamkeit.

Es hatten noch keine Zersetzungsprozesse des Körpers stattgefunden. Die Gründe dafür sind beispielsweise eine aktive Herz- Kreislaufmaschine im Krankenhaus, die ohne Zutun des betroffenen Patienten die Blut- und Sauerstoffversorgung des Körpers aufrecht erhält und damit das Absterben der Zellen verhindert. Aber auch eine Unterkühlung des Körpers kommt als Ursache für das Ausbleiben der Verwesungsvorgänge in Frage. So sind Fälle bekannt, wo Menschen, nachdem sie ins Eis eingebrochen waren und als klinisch tot galten, noch Stunden nach diesem Unglück wiederbelebt werden konnten. Das Verweilen im eiskalten Wasser hatte die Zersetzungsprozesse ihrer Körper verhindert.

Die Unvergänglichkeit, bzw. die Unsterblichkeit des Bewusstseins beweist sich nur durch glaubwürdige und gut dokumentierte Berichte über außerkörperliche Erfahrungen, Nahtoderfahrungen und Wiedergeburten. Im Besonderen gilt es für jene Fälle, die aufgrund ihrer speziellen Umstände weder gefälscht noch manipuliert sein können.

Einen solchen Fall aus ihrer eigenen Berufserfahrung schildert die Assistenzprofessorin für Sozialarbeit Kimberly Clark Sharp, der sich 1977 in der Intensivstation des Harborview Medical Center in Seattle ereignet hatte.

Eine Mexikanerin namens Maria erlitt einen schweren Herzinfarkt, als sie ihre Freunde in Seattle besuchte. Sie wurde sofort in die kardiologische Intensivstation eingewiesen. Die Behandlungsmaßnahmen waren erfolgreich, Marias Gesundheitszustand stabilisierte sich zunehmend. Die psychologische Betreuung der Patientin übernahm Kimberly Clark Sharp, die zu jener Zeit als medizinische Sozialarbeiterin in der Klinik tätig war. Zunächst entwickelte sich alles bestens und Maria erholte sich zusehends vom Trauma des Herzinfarktes.

Doch dann kam es ein paar Tage später, wie aus heiterem Himmel, zu einem herben Rückschlag. Maria erlitt einen Herzstillstand. Sie hatte keinen Herzschlag und keine Atmung mehr. Der angeschlossene Überwachungsmonitor zeigte eine konstante Null-Linie. Sämtliche Reflexe waren erloschen. Maria war klinisch tot. Da Kimberly Clark Sharp an dem Tag Dienst hatte und sich auf der Station aufhielt, wurde sie Zeugin der dann ablaufenden Vorgänge.

Das Ärzteteam schloss Maria sofort an die künstliche Beatmung an, um Sauerstoff in die Lungen zu pumpen. Dann wurde ein Defibrillator eingesetzt, um ihr Herz wieder zum Schlagen zu bringen. Nach einer Weile hatten die Maßnahmen Erfolg. Das Herz begann wieder von selbst zu schlagen. Mehrere Stunden später erwachte Maria aus dieser tiefen komaartigen Bewusstlosigkeit und konnte auch wieder aus eigener Kraft atmen. Aber etwas war mit ihr nicht in Ordnung. Sie war völlig aufgeregt und so sehr aus der Fassung, dass das Pflegepersonal ernsthaft befürchtete, sie würde einen weiteren Infarkt erleiden.

Um die Patientin zu beruhigen wurde Kimberly Clark Sharp hinzugerufen. Maria erzählte ihr dann sehr ausführlich, was sie während der ganzen Zeit gesehen, gehört und erlebt hatte, als sie klinisch tot war. Mit größter Genauigkeit konnte Maria alle Personen benennen, die während ihrer Wiederbelebung im Raum waren, und sie konnte exakt wiedergeben, wer was gemacht und wer wo im Raum gestanden hatte. Sie schilderte die kleinsten Kleinigkeiten, die sie niemals mit ihren geschlossenen Augen und ihrem leblosen, auf dem Rücken liegenden Körper hätte wahrnehmen können. Alles dieses hatte sie aus einer Zimmerecke des Raumes von oben verfolgen können, berichtete Maria. Ihre Schilderungen waren voller Details, die Kimberly Clark Sharp alle bestätigen konnte, weil sie sich selbst auch während Marias Wiederbelebung im Behandlungszimmer aufgehalten hatte.

Dann schilderte Maria, dass es ihr in diesem außerkörperlichen Zustand möglich war, ohne zeitliche Verzögerung jeden nur erdenklichen Blickwinkel einzunehmen. Sie konnte ungehindert innerhalb und außerhalb des Krankenhauses umherschweben. Zum Beweis beschrieb sie unter anderem präzise das Aussehen des Haupteingangs, den sie niemals vorher zu Gesicht bekommen hatte, da sie nachts bewusstlos in die Notaufnahme eingeliefert worden war. Und sie erzählte noch von vielen anderen Dingen, die sie alle nicht wissen konnte, die aber vollständig zutrafen.

Zuletzt schilderte Maria noch ein ganz besonders bemerkenswertes Detail, das sie niemals und unter keinen Umständen hätte wissen können. Es war ein Umstand, der jede Manipulation und jeden Betrug absolut ausschloss, und Kimberly Clark Sharps bisheriges Weltbild endgültig und vollständig zerstörte. Maria erzählte ihr von einem einzelnen Turnschuh, den sie, als sie sich frei in der Luft schwebend außerhalb der Klinik befand, außen auf einem Sims des dritten Stockwerkes des Krankenhauses liegen gesehen hatte. Nachdem der Schuh ihre Neugier geweckt hatte, inspizierte sie ihn näher. Es war ein dunkelblauer Männerschuh mit weißen Schnürsenkeln und einer stark abgewetzten Stelle im Bereich des kleinen Zehs. Maria flehte Kimberly Clark Sharp an, sie möge den Schuh holen, damit bewiesen werden konnte, dass ihre Schilderungen keine Halluzinationen von ihr waren.

Um sich Klarheit über dieses verstörende Ereignis zu verschaffen, machte sich Kimberly Clark Sharp auf die Suche und fand nach einiger Zeit den Schuh tatsächlich. Er lag wie von Maria beschrieben auf dem Sims, wobei unklar blieb, wie er überhaupt an diese abgelegene Stelle des Gebäudes gelangen konnte. Aber es gab noch ein weiteres Detail, das Kimberly zutiefst erschütterte, als sie das Fenster öffnete und den Schuh an sich nahm. Die Schuhspitze zeigte vom Gebäude weg, damit war die abgewetzte Stelle am Zeh nur sichtbar, wenn jemand den Schuh von außerhalb des Gebäudes betrachtete. Vom Inneren des Gebäudes aus, wo Kimberly Clark Sharp nun stand, war dieses Detail nicht zu erkennen. Maria konnte diese defekte Stelle nur gesehen haben, wenn sie den Schuh von außerhalb der Klinik frei in der Luft schwebend betrachtet hatte, denn im Umkreis von hunderten von Metern gab es nichts, wo ein Mensch hätte stehen können, um den Schuh überhaupt zu sehen.

Sämtliche Schilderungen Marias hatten sich damit als wahr herausgestellt. Sie hatte während ihres klinischen Todes mit ihrem Bewusstsein ihren Körper verlassen und alle diese geschilderten Dinge tatsächlich gesehen und erlebt. Daran kann es keinen vernünftigen Zweifel mehr geben.

Dieser Fall wurde später in einer Fernsehdokumentation gezeigt und erlangte in den USA große Bekanntheit. Das Erlebnis mit Maria bewog Kimberly Clark Sharp zum Umdenken. Fortan widmete sie sich der Erforschung und Dokumentation von Nahtoderfahrungen. Sie wurde Gründerin und Präsidentin der „Seattle International Association for Near-Death-Studies", der größten Selbsthilfegruppe für Menschen mit Nahtoderfahrungen, die im Laufe der Jahre von mehr als 10.000 Menschen aufgesucht wurde, die entweder ähnliche Erfahrungen gemacht hatten, oder die Trost wegen kürzlich verstorbener Angehörigen suchten. Die Organisation dokumentierte außerdem viele weitere Berichte von ähnlichen Fällen, die zweifelsfrei alle dasselbe belegen: Das Bewusstsein ist unsterblich und nicht von der Existenz des Körper abhängig.

Aber auch in Deutschland gibt es zahlreiche Menschen, die identische Erfahrungen gemacht haben. Eine von ihnen ist die Künstlerin Elisabeth Jankowsky (Name geändert). Durch Komplikationen in der Schwangerschaft erlitt sie einen extrem hohen Blutverlust, der zu ihrem klinischen Tod führte. Hier ist ihre Geschichte.

Elisabeth lebte mit ihrem Ehemann in der Großstadt Chorzow in Polen. Sie war hochschwanger und erwartete im Jahr 1983 die Geburt ihres ersten Kindes. Es sollte ein Mädchen werden, dem sie den Namen Anna geben wollten. Der errechnete Geburtstermin war nicht mehr fern, als eines Tages plötzlich Komplikationen auftraten. Elisabeth bekam starke Unterleibsschmerzen und schwere Blutungen. Sie verlor zeitweise das Bewusstsein und es bestand die große Gefahr einer Fehlgeburt. Die Beschwerden erreichten schnell ein Ausmaß, das die unverzügliche Einweisung in die Notaufnahme eines Krankenhauses erforderlich machte. Elisabeth krümmte sich vor Schmerzen, die immer schlimmer wurden.

Von den Angehörigen wurde eine Rettungsambulanz gerufen, die Elisabeth auf schnellsten Weg ins Krankenhaus fuhr, wo sie gleich in die Intensivstation kam. Der starke Blutverlust und die unerträglichen Schmerzen hatten inzwischen zu einem schweren Schock geführt und einen lebensbedrohlichen Zustand angenommen. Das Ärzteteam begann sofort mit einer Notoperation. Sie entschieden sich dafür, das Ungeborene mit einem Kaiserschnitt auf die Welt zu holen und die lebensbedrohliche Blutung mit einer Operation zu stoppen. Dies gelang jedoch nicht sofort. Wie in solchen Fällen üblich, wurde Elisabeth an die Herz-Lungen-Maschine angeschlossen. Um sie am Leben zu halten, wurden im Krankenhaus alle verfügbaren Blutkonserven zusammengesucht und ihrem Körper zugeführt, damit der Kreislauf nicht kollabieren konnte.

Dennoch kam es zum klinischen Tod. Alle Lebensimpulse und Reflexe sanken auf null. Elisabeth war tot. Sie war auf dem OP-Tisch verstorben. Sämtliche Messgeräte und deren Werte zeigten diesen Tod an. Daran gab es nicht den geringsten Zweifel. Aber die Ärzte gaben nicht auf, sie fuhren mit der begonnenen Operation fort und begannen zugleich mit Wiederbelebungsversuchen. Sie wollten zumindest noch das ungeborene Kind retten. Es gelang ihnen schließlich, das Kind aus Elisabeths geöffneter Bauchhöhle heraus zu holen. Es war blutüberströmt und ebenfalls ohne Lebenszeichen. Kurz darauf gelang es den Ärzten endlich auch die lebensgefährlichen Blutungen zu stoppen.

Aber … Mutter und Kind waren beide ohne das geringste Anzeichen von Leben. Die Ärzte hatten alle Möglichkeiten zur Lebenserhaltung und Wiederbelebung ausgeschöpft. Sie konnten nichts mehr tun, außer die Operation fachgerecht zu beenden, die Bauchhöhle wieder zu verschließen und auf ein Wunder zu hoffen.

Diese Zeitspanne, in der Elisabeth klinisch tot war und ihre neugeborene Tochter Anna ohne irgendein Lebenszeichen blieb, während die Ärzte sich noch bemühten, schilderte Elisabeth mir gegenüber so:

„Die Schmerzen waren für mich unerträglich geworden. Plötzlich war ich aus meinem Körper heraus. Ich schwebte über dem Geschehen, das unter mir stattfand. Schlagartig waren die Schmerzen verschwunden und ein tiefes Glücksgefühl umfing mich. Es war wunderschön, alles war voller schöner Farben und schöner Musik. Ich fühlte mich wie in Watte gepackt, wie auf einem Trip. Anders kann ich es nicht beschreiben, weil mir die Worte dafür fehlen, dieses genauer zu vermitteln. Es war wunderschön und voller Liebe.

Ohne dafür Worte benutzen zu müssen, unterhielt ich mich mit meiner neugeborenen Tochter Anna. Darüber war ich nicht einmal erstaunt. Ich spürte eine ganz tiefe Verbindung zu Anna, so als würde ich sie schon ewig kennen. Wir kannten beide unsere Situation und ich stellte es Anna frei, ob sie leben wollte oder nicht. Sie sollte es für sich selbst entscheiden. Würde Anna sich gegen das irdische Leben entscheiden, so ließ ich sie wissen, würde ich mit ihr gehen. Anna entschied sich für das Leben.

Es war aber noch eine weitere Stimme da, die mir, ebenfalls wieder auf diese wortlose Weise, mit großer Bestimmtheit sagte, dass ich noch nicht gehen könne, weil ich noch eine Aufgabe zu erfüllen hätte. Kaum hatte die Stimme dieses gesagt, gab es so etwas wie einen Tritt und ich war wieder in meinem Körper. Sofort waren auch die furchtbaren Schmerzen wieder da. Ich kann nicht sagen, wie lange dies gedauert hat, ich hatte überhaupt kein Zeitgefühl mehr."

Mit der Rückkehr in ihren Körper begannen auch die Lebenszeichen und Reflexe wieder zu erwachen und ihre neugeborene Tochter machte den ersten Schrei.

Später erzählte mir Elisabeth, die heute in Deutschland lebt, in einem Interview, dieses Erlebnis hätte ihr Bewusstsein und ihre Einstellungen zum Leben sehr verändert. Heute würde sie über Fähigkeiten verfügen, die sie vorher nicht hatte. So weiß sie mitunter manche Dinge im Voraus, manchmal in Träumen, manchmal als intuitive Einsichten, die sich später als wahr herausstellen. Außerdem ist ihr heute völlig klar, dass der Tod nicht das Ende ist.

Ich zweifle nicht an ihrem Bericht, denn ich habe selbst ähnliche Erfahrungen gemacht. Unser aller Leben ist unsterbliches Bewusstsein. Auch nach dem Tod unseres irdischen Körpers bleiben wir als Individuum erhalten. Niemand von uns kann jemals ausradiert oder ausgelöscht werden.

Ein weiterer sehr außergewöhnlicher Bericht handelt von Vicki Noratuk aus Kalifornien [5]. Vicki wurde 1950 durch Komplikationen bei der Geburt mit einem zerstörten Sehnerv geboren, wodurch sie dauerhaft erblindete. Sie war von Geburt an völlig außerstande irgendetwas Visuelles wahrzunehmen. Ihre Wahrnehmung der Außenwelt geschah allein über die übrigen Sinne per Tasten, Hören, Schmecken und Riechen.

Am 2. Februar 1973 wurde Vicki von einem betrunkenen Autofahrer angefahren und lebensgefährlich verletzt. Sie kam in die Notaufnahme eines Krankenhauses, wo man ihren klinischen Tod feststellte. Vicki hatte einen Herzstillstand, der etwa 4 Minuten dauerte, bis die von den Ärzten sofort eingeleiteten Maßnahmen zur Wiederbelebung Erfolg hatten und Vicki ins Leben zurückkehrte.

Vicki erlebte diese 4 Minuten als einen fremdartigen Albtraum. Sie schwebte mit ihrem Bewusstsein an der Decke und konnte *sehen* was unter ihr geschah. Zum ersten Mal in ihrem Leben konnte sie etwas visuell wahrnehmen, was für sie aber total unheimlich war, weil sie diese Eindrücke mangels Erfahrung nicht einordnen konnte. Nur langsam wurde ihr klar, was momentan mit ihr geschah. Sie war im Begriff zu sterben und konnte mit ansehen, wie die Ärzte um ihr Leben kämpften. Jedes Wort, das die Ärzte sprachen und alles, was sie getan hatten, konnte sie später wiedergeben.

Dieser erschreckende Zustand endete für Vicki, als die Reanimation Erfolg hatte, ihr Herz erneut zu schlagen begann und ihr Bewusstsein sich wieder mit dem Körper vereinte. Geblieben ist die Erkenntnis, dass auch das Sehen nicht abhängig ist von der korrekten Funktionen der Augen.

Gibt es auch ein Leben vor dem Leben?

Dem materialistischen Weltbild zufolge, wonach die tote Materie irgendwann das Bewusstsein hervorgebracht hat, gibt es kein Leben vor und auch keines nach der irdischen Existenz. Die materialistische Weltsicht ist der Meinung, wenn das Leben eines Menschen vorbei ist, dann ist auch das individuelle Bewusstsein wieder erloschen. Ein sehr deprimierender Gedanke, denn er impliziert, dass das Leben nur eine verrückte Laune der Natur ist und auch sonst keinen erkennbaren Sinn hat. Diese Meinung ist natürlich blanker Unsinn.

Sehen wir uns deshalb einmal an, wie das Christentum zu dieser Frage steht, denn dort geht man immerhin von der Existenz einer unsterblichen Seele aus. Glaubt man allerdings den Lehren der christlichen Kirchen und Glaubensgemeinschaften, so hat jeder Mensch nur ein einziges Leben auf dieser Erde. Und dieses eine Leben muss konsequent gottgefällig geführt werden, weil Gott nach dem Tod beim „Jüngsten Gericht" über jeden Menschen urteilt und je nachdem, wie die Beurteilung ausfällt, der Verurteilte entweder in den Himmel oder in die Hölle kommt. Der Zeitpunkt dieses „Jüngsten Gerichts" wird irgendwann in der Zukunft verortet. Aber das „Jüngste Gericht" wird nach Meinung der Christen kommen und dann werden die Toten wieder auferweckt und müssen sich für ihr Tun und Unterlassen auf der Erde verantworten. Soweit lautet jedenfalls die Geschichte, wie sie mir als Kind und Jugendlicher im Religionsunterricht erzählt wurde.

Dieses unsinnige Märchen enthält allerdings einen gewaltigen Logikbruch. Als Träger der Erinnerungen verbleibt nach dem Tod des irdischen

Körpers allein das individuelle Bewusstsein eines jeden Menschen, also das, was die christlichen Kirchen als die „Seele" bezeichnen. Dieses Bewusstsein kann nicht ausgelöscht werden oder mal kurz „vorübergehend" tot sein. Wäre es dennoch der Fall, hätte das „Jüngste Gericht" keinen Sinn mehr. Wie könnte jemand Rechenschaft ablegen über irgendwelche Taten, an die er sich nicht erinnern kann, von denen er nichts mehr weiß und von denen er deshalb auch nichts zur Begründung, Erklärung oder Verteidigung sagen kann? Das kann niemals richtig sein. Tatsächlich hat der Begründer des Christentums dieses weder so gesagt, noch so gemeint.

In Wirklichkeit hatte Jesus seinen Zuhörern immer wieder deutlich gepredigt, dass die Menschen keine Angst vor dem Tod haben müssten, weil es nach dem Tod endlos weitergehen würde mit der persönlichen Existenz. Er versprach seinen Anhängern die Auferstehung und das ewige Leben, das sie nach dem irdischen Tod haben würden. Was genau er mit der Auferstehung meinte, wird deutlich in Prediger 12.7: „Denn der Staub muss wieder zur Erde kommen, wie er gewesen ist, und der Geist wieder zu Gott, der ihn gegeben hat." Beim Tod eines Menschen löst sich lediglich die von vorn herein befristete Verbindung zwischen Bewusstsein und Körper wieder auf. Der Geist, das individuelle unzerstörbare Bewusstsein, geht zurück in das Jenseits, wo es herkam und alle Atome unseres Körpers werden der Erde zurückgegeben, woher sie ja auch kamen.

Die Unsterblichkeit des individuellen Bewusstseins brachte Jesus seinen Gläubigen vor allem mit diesen Worten näher:

„Dies aber ist das ewige Leben, dass sie dich erkennen, den allein wahrhaftigen Gott, und den du gesandt hast, Jesus Christus."

Damit baute Jesus auf den gesunden Menschenverstand und auf die Fähigkeit seiner Anhänger zum folgerichtigen Denken. Denn wer erkannt hat, dass Gott das gesamte Universum mit allem Sichtbaren und Unsichtbaren darin ist, und Schöpfer und Schöpfung somit identisch sind, weil alles aus der unsterblichen Energie Gottes besteht, kann daraus letztlich nur eine logische Schlussfolgerung ziehen:

„Auch ich selbst als Teil des Universums bin deshalb unsterblich!"

Jesus Verkündung von der seelischen, besser gesagt von der psychischen Unvergänglichkeit des Menschen fiel auf fruchtbaren Boden. Sie wurde von den Gläubigen akzeptiert, denn seine Botschaft ging stets einher mit der Aufklärung, dass Gott alles „Sichtbare und alles Unsichtbare" ist, und somit das Bewusstsein eines jeden Menschen genauso unsterblich ist, wie die göttliche Energie, aus der das gesamte Universum besteht. Im Laufe der folgenden Jahre brachte die Gewissheit des ewigen Lebens eine Vielzahl an christlichen Märtyrern hervor, die lieber in den Tod gingen, als die göttliche Wahrheit zu verleugnen, oder gegen ihr Gewissen zu handeln.

Allerdings wurde auch diese Botschaft auf dem 1. Konzil von Nicäa im Jahre 325 „modifiziert" und bis zur Unkenntlichkeit verdreht. Die danach von den christlichen Kirchen verbreitete Version ist deshalb weder stimmig noch schlüssig, denn sie berücksichtigt nicht mehr, dass jeder Mensch ein individualisierter Teil unseres Schöpfers ist. Offensichtlich wollte man diesen Fakt ebenfalls völlig ausblenden. Aber es bleibt eine Tatsache: Jedes menschliche Bewusstsein ist in Wahrheit genauso alt, wie das Universum, welches komplett aus der intelligenten und bewussten Energie unseres Schöpfers besteht. Die Seele eines jeden Menschen, oder um beim bisherigen Terminus zu bleiben, das persönliche Bewusstsein eines jeden einzelnen Menschen existiert ebenfalls seit Anbeginn der Zeit. Denn wenn Gott von Ewigkeit zu Ewigkeit lebt, dann gilt es selbstverständlich auch für alle seine individuellen Teile, also für jeden einzelnen Menschen gleichermaßen.

Jeder, der diese Tatsachen akzeptiert hat und in allen Konsequenzen zu Ende denkt, wird logischerweise vor der Frage stehen, was denn mit dem individuellen Leben <u>vor</u> und <u>nach</u> dem gegenwärtigen irdischen Dasein ist, denn ganz zwangsläufig muss es damit auch ein Leben <u>vor</u> dem irdischen Leben geben, in welcher Form auch immer. Was wiederum die naheliegende Frage aufwirft, ob es für jeden Menschen wirklich nur ein einziges irdisches Leben gibt, oder ob es vielleicht nicht sogar ganz viele Leben sind, an die uns heute lediglich die Erinnerung fehlt? Die Antwort ist sehr einfach.

Tatsächlich verbreiten die christlichen Kirchen und Religionsgemeinschaften auch an diesem Punkt nur Unsinn. Jeder Mensch wird viele Male wiedergeboren und hat viele irdische Leben. Wir können uns nur nicht daran erinnern. Aber glücklicherweise gibt es Ausnahmen von dieser Erinnerungsschwäche. Heute liegt uns eine Vielzahl von Berichten über kleine Kinder vor, die sich präzise an ihr vorangegangenes Leben, sowie an die Umstände ihres vorherigen Todes erinnern können.

Die meisten Berichte über solche Fälle kommen aus dem asiatischen Raum, wo der Gedanke an eine Wiedergeburt weit verbreitet ist und nicht von vornherein auf Ablehnung trifft. Aber auch in der westlichen Hemisphäre, in der die Wiedergeburt bedingt durch die christlichen Glaubensvorstellungen abgelehnt wird, werden zunehmend solche Fälle von Wiedergeburten bekannt. Ein besonders erstaunlicher Fall ereignete sich in den

USA. Dieser Fall ist nicht nur außergewöhnlich, sondern er ist zugleich auch einer der am besten dokumentierten Fälle über Wiedergeburten. Er hat zudem den weiteren Vorteil, bedingt durch seinen gut dokumentierten Verlauf, völlig frei zu sein von irgendwelchen Manipulationen. Die Geschichte begann im Jahr 1998 in Lafayette / Louisiana.

Das Ehepaar Leininger aus dem amerikanischen Mittelstand bekam Nachwuchs. Andrea Leininger, eine professionelle Tanzlehrerin, brachte einen Sohn zur Welt, den sie James nannten. Ihr Mann Bruce war seinerzeit im Gemeindeschulamt tätig und schon aus diesen beruflichen Gründen auf Genauigkeit und Sorgfalt geprägt. Dies kam ihm später bei der Beweissicherung und der schriftlichen Dokumentation [6] der dann folgenden Ereignisse zugute.

Im Jahr 2000, als James fast 2 Jahre alt war, nahm sein Vater Bruce ihn mit in ein Flugzeugmuseum. Der kleine Zweijährige flippte vor Freude aus, als er die vielen Flugzeuge dort stehen sah. Besonders die alten Exemplare aus dem 2. Weltkrieg zogen ihn in den Bann. Von dem Tag an spielte der Kleine zu Hause mit nichts anderem mehr als mit Spielzeugflugzeugen, für die er ganz unübersehbar eine tiefe Zuneigung empfand. Am liebsten waren ihm die Flugzeugmodelle aus dem 2. Weltkrieg. Es zeigte sich in den folgenden Wochen und Monaten, dass James überdies ganz erstaunliche Detailkenntnisse über Flugzeuge besaß, was seine Eltern Andrea und Bruce in Staunen versetzte, weil sie sich nicht erklären konnten, woher ihr Sohn dieses spezielle Wissen hatte.

Wenige Wochen später setzten bei dem zweijährigen James schwere nächtliche Albträume ein, die sich nahezu jede Nacht wiederholten. Während des Tiefschlafs schrie der Kleine ganz laut, strampelte und gestikulierte wild umher. Er hatte offensichtlich vor irgendetwas panische Angst, was sich aber nicht näher ergründen ließ. Auch ein hinzugezogener Arzt konnte nichts feststellen oder zur Aufklärung beitragen. Die Albträume hielten viele Monate mit unverminderter Stärke an. Eines Tages, James konnte inzwischen in kleinen Sätzen sprechen, brachen aus ihm während des Albtraums diese Worte hervor: „Feuer! Flugzeugabsturz! Kleiner Mann kommt nicht raus!" Das ging über einen Zeitraum von vielen Monaten so. Nahezu jede Nacht kam es zu einem Albtraum, in dem James auch immer wieder diese Worte laut aussprach. Die Eltern waren völlig ratlos und wussten nicht, was sie noch machen sollten. Sie versuchten alles Erdenkliche, um ihren Sohn zu beruhigen, was aber nur selten Erfolg hatte.

Monate später sprach James diese Sätze „Feuer! Flugzeugabsturz! Kleiner Mann kommt nicht raus!" unvermutet auch im Wachzustand, worauf seine Mutter Andrea ihn eines Tages fragte, wer denn der kleine Mann in dem brennenden Flugzeug wäre. Ihr Sohn antwortete ihr, dass er selbst es sei. Andrea erfuhr dann häppchenweise von James in dessen kindlichen Worten, dass er während des 2. Weltkriegs als Pilot in dem Flugzeug saß, als es von den Japanern abgeschossen wurde und dann brennend abstürzte. Ein Treffer an der Flugzeugnase hatte Motor und Propeller zerfetzt. James konnte sich nicht mehr aus der Pilotenkabine befreien und verlor bei dem Absturz sein Leben.

In den folgenden Wochen erfuhren die Leiningers von ihrem Sohn James, er war nun zweieinhalb Jahre alt, bruchstückweise immer mehr Details, die seine ratlosen und verwirrten Eltern erschauern ließen. James erzählte mit seinen kindlichen Worten, dass er Kampfpilot gewesen war und eine Corsair geflogen hatte. Er war während des 2. Weltkrieges auf dem Flugzeugträger „Natamo Bay" stationiert gewesen, von wo aus seine Fliegerstaffel ihre Angriffe gegen die Japaner flog. Später erfuhren die Eltern auch den Einsatzort von James – Iwo Jima.

Natürlich stießen diese Schilderungen ihres Sohnes bei den Leiningers auf erhebliche Vorbehalte. Besonders Bruce konnte und wollte eine solche Geschichte von einer möglichen Wiedergeburt nicht akzeptieren. Sie passte nicht in sein christlich geprägtes Weltbild. Deshalb machte er sich akribisch an die Arbeit, um die Angaben seines Sohnes zu widerlegen. Damit wurde er jedoch völlig unbeabsichtigt zum Kronzeugen für die Richtigkeit der Erzählungen seines Sohnes. Im Laufe der nächsten Monate kamen immer mehr Einzelheiten ans Licht. Jedes noch so kleine Detail, das er von seinem Sohn bekam, erwies sich bei der Nachprüfung als richtig.

Im Alter von 3 Jahren begann der kleine James hunderte von Bildern über brutale Schlachten mit Bombenabwürfen, Kanonenschüssen, Flugzeugen und Abstürzen zu malen. Für den hinzugezogenen Kinderpsychologen Jim Tucker von der Universität in Virginia war es der Versuch des Kindes, durch dieses „posttraumatische Spiel" ein schweres traumatisches Erlebnis zu verarbeiten.

Als James 4 Jahre alt war, wurde aufgrund der bis dahin bekannten Details aus seiner Geschichte vom amerikanischen Sender ABC ein Fernsehbeitrag für die neue Serie „Strange Mysteries" produziert. Im Verlauf der Dreharbeiten gab James viele Dinge über das Flugzeug Corsair preis, die er unmöglich wissen konnte, die sich aber später ebenfalls allesamt als wahr herausstellten. So ließ er zum Beispiel die verblüffte Filmproduzentin wissen, dass die Corsair beim Start immer nach links zog und ständig platte

Reifen hatte. Der Beitrag wurde zwar nie gesendet, er diente aber später als wichtiges Beweismaterial, nachdem der Fall restlos aufgeklärt wurde.

Dann im September 2002 setzten sich weitere Puzzlestücke zusammen. Bruce forschte unermüdlich weiter und nahm deshalb an einem Treffen der Veteranen des Flugzeugträgers „Natamo Bay" statt, um an weitere Informationen zu gelangen. Dort erhielt er eine Liste mit den Namen von 21 Piloten, die zur „Natamo Bay" gehörten und gefallen waren. Darunter war aber nur einer, der mit seiner Maschine bei der Schlacht von Iwo Jima ums Leben gekommen war. Sein Name war James M. Houston Jr.

An dem folgenden Weihnachtsfest, James war nun 4 Jahre alt, ereignete sich noch etwas Denkwürdiges. James bekam eine dritte Spielzeugfigur geschenkt, die er sofort „Walter" nannte. Die zwei, die er schon länger hatte, trugen die Namen „Billy" und „Leon". Als Bruce seinen Sohn fragte, warum er ihnen ausgerechnet diese Namen gegeben hatte, antwortete der: „Weil sie es waren, die mich im Himmel empfangen hatten." Daraufhin sah Bruce in der Liste der Gefallenen nach und entdeckte tatsächlich 3 Piloten mit den Namen Billie Peeler, Leon Conner und Walter Devlin. Sie waren alle Ende 1944 getötet worden, ein paar Monate bevor auch James M. Houston Jr. starb.

Das Ehepaar Leininger musste das vermeintlich Unmögliche akzeptieren. Stück für Stück offenbarte sich ihnen die unumstößliche Tatsache, dass ihr Sohn James in seinem Vorleben der Kampfpilot James M. Houston Jr. war, der am 3. März 1945 während der Schlacht um Iwo Jima bei Kämpfen vor der Insel Chichi-Jima abgeschossen wurde. Ein japanischer Flak-Treffer hatte Propeller und Motor seiner Maschine zerstört, worauf sie brennend abstürzte. James konnte sich nicht mehr aus der brennenden

Kabine befreien. Er prallte mit der Maschine auf das Wasser und kam dabei ums Leben. Genauso wie es später der neugeborene James Leininger in seinen Albträumen immer wieder erlebte. Der tödliche Absturz des Piloten James M. Houston Jr. wurde von einem Flieger aus einer anderen Staffel beobachtet und im Logbuch festgehalten. Er bestätigte die Schilderung des vierjährigen James in allen Details.

Daraufhin suchte Bruce nach weiteren Informationen über James M. Houston Jr. und wurde fündig. Houstons Eltern waren zwar schon lange tot, aber von seinen zwei Schwestern lebte noch eine – Anne Barron. Sie war inzwischen 84 Jahre alt. Bruce bekam von ihr eine Menge Material über ihren Bruder, den Kampfpiloten James. Darunter waren viele Bilder, auch solche, die James M. Houston Jr. vor einer Corsair zeigten, über die auch der kleine vierjährige James so viele Details zu erzählen wusste. Er war tatsächlich einer der wenigen Elitepiloten gewesen, die eine Corsair fliegen durften.

Es kam dann zu einem intensiven Telefonkontakt zwischen den Leiningers und Anne Barron. James, inzwischen 5 Jahre alt, erzählte Annie, wie er als einziger Anne im Vorleben stets genannt hatte, eine Fülle von familiären Details und Geheimnissen, die er niemals hätte wissen können und Anne Barron vollends überzeugten. Die Albträume des kleinen James waren inzwischen deutlich abgeklungen. Er schlief jetzt wieder jede Nacht friedlich durch und das Familienleben der Leiningers hatte sich wohltuend entspannt.

Im April 2004, James war jetzt 6 Jahre alt, strahlte der Sender ABC einen großen Fernsehbeitrag über diesen ungewöhnlichen Fall aus und machte ihn damit der weiten amerikanischen Öffentlichkeit bekannt. Der

Beitrag fand große Beachtung und löste in den USA viele Diskussionen über das Thema Wiedergeburt aus. In der Sendung bestätigte Anne Barron, die Schwester des gefallenen Kampfpiloten James M. Houston jr., sämtliche Details, die der wiedergeborene James Leininger über sie und die frühere Familie zu erzählen wusste.

Im darauf folgenden September 2004 kam es zu einem Natamo-Bay-Veteranen-Treffen, an dem das Ehepaar Leininger mit ihrem Sohn James, wie auch Anne Barron, teilnahmen. Die Veteranen standen dem kleinen James und seiner Geschichte sehr aufgeschlossen gegenüber und viele berichteten von eigenen spirituellen Erlebnissen während des Krieges, über die sie aber vorher nie gesprochen hatten, um nicht für Spinner gehalten zu werden. Einige der Anwesenden wurden vom kleinen James an der Stimme wiedererkannt, er wusste auch spontan ihre Namen. Bei diesem persönlichen Kontakt offenbarte der sechsjährige James der vierundachtzigjährigen Anne noch viel mehr Details aus ihrem früheren gemeinsamen Familienleben. Anne hatte nicht mehr den geringsten Zweifel, dass der kleine James ihr wiedergeborener Bruder war, den sie einst verloren hatte, als sie noch zwanzig Jahre alt war.

Inzwischen hatte der Fall „James Leininger" auch internationale Beachtung gefunden. Eine japanische Produktionsfirma nahm Kontakt zu den Leiningers auf, um die Geschichte von James in einer Sondersendung im japanischen Fernsehen zu präsentieren. Der Beitrag sollte mit einer feierlichen Zeremonie an der Absturzstelle enden.

James war inzwischen 8 Jahre alt, die Leiningers willigten ein und reisten nach Japan. Im damaligen umkämpften Hafen angekommen, erkannte James sofort wichtige Orientierungspunkte wieder, die während des

Krieges von den Kampfpiloten zum Anfliegen der Angriffsziele benutzt wurden. Ansonsten genoss er die Reise wie jeder normale achtjährige Junge. Zum Drehen der Zeremonie stiegen das Filmteam und die Leiningers in ein kleines Fischerboot. Dann fuhr sie der Kapitän zu der Absturzstelle, wo er das Boot anhielt und die feierliche Zeremonie begann. Alle schwiegen und Bruce verlas die Namen der 21 getöteten Piloten der „Natamo Bay". Hier veränderte sich plötzlich das Verhalten von James.

Er wurde von seinen Gefühlen überwältigt und fing hemmungslos an zu weinen. Die Anwesenden waren tief ergriffen von diesem Anblick und schwiegen ehrfurchtsvoll. Nach einer langen Weile des Weinens ergriff James dann tränenüberströmt einen Blumenstrauß und warf ihn über Bord ins Wasser. Ganz unvermittelt salutierte er in vollendeter militärischer Form, legte zum Gruß die Hand an den Kopf und sagte James M. Houston jr. für immer Lebewohl mit den Worten „Ich werde dich nie vergessen"!

Wie sich später zeigte, war diese Zeremonie heilsam für James gewesen. Er konnte von den schmerzhaften Erinnerungen loslassen und wuchs danach wie ein ganz normaler Junge heran, während die schrecklichen Erinnerungen mehr und mehr verblassten.

In einem Gespräch hatte James seinem Vater Bruce noch dieses anvertraut: „Ich habe euch als meine Eltern ausgesucht, weil ich wusste, das ihr mich gut behandeln und mir glauben würdet!"

Die Zeremonie wurde gefilmt und der Öffentlichkeit gezeigt. Sie ist noch heute ganz und in Teilen bei Youtube zu sehen. Dieser Fall ist mitsamt allen Beweisunterlagen vollständig aktenkundig beim führenden

Forschungsinstitut „Division of Perceptual Studies DOPS" an der Universität von Virginia in USA. Er gilt als einer der wichtigsten völlig aufgeklärten Fälle einer Wiedergeburt und lässt keinen Zweifel mehr offen, dass Wiedergeburten entgegen weit verbreiteten Ablehnungen tatsächlich stattfinden.

Letztendlich lässt sich aus diesen vielen Tausenden bekannt gewordenen Fällen nur diese eine logische Schlussfolgerung ziehen, das Leben ist unsterbliches Bewusstsein und nicht vom Vorhandensein eines intakten menschlichen Körpers abhängig. Aufgrund meiner eigenen Erfahrungen ist mir das allerdings schon lange bekannt.

James Leininger hat uns auch noch einen anderen wichtigen Hinweis gegeben. Wir suchen uns vor der Geburt ganz bewusst unsere Eltern aus, bei denen wir dann später als Kinder heranwachsen. Wir wissen schon vorher, wie diese Eltern sind und was wir von ihnen erwarten können. Das tun wir, weil wir uns alle ganz bewusst Lebensaufgaben gestellt haben, die unserer persönlichen Entwicklung dienen.

Zur wahren christlichen Lehre, also zu dem, was Jesus zu seinen Lebzeiten tatsächlich gesagt und gemeint hat, steht die Wiedergeburt nicht im Widerspruch. Sie steht nur im Widerspruch zu dem, was auf dem 1. Konzil von Nicäa daraus gemacht wurde und heute noch von den Kirchenkanzeln gepredigt wird. Und sie steht natürlich zu der falschen materialistischen Weltsicht im Widerspruch.

Medial begabte Menschen – die Propheten unserer Zeit

Es gab und es gibt zu allen Zeiten Propheten, die den Menschen behilflich waren und auch weiterhin behilflich sind, Gott, das Leben und das Universum besser zu verstehen. Man muss nur die Bereitschaft aufbringen, ihnen zuzuhören. Nahezu alle diese Propheten waren nichtkörperliche Wesenheiten, die sich aus jener Welt, oder jenen anderen Sphären meldeten, wohin wir alle zurückkehren, wenn wir nach dem leiblichen Tod unsere materielle Welt wieder verlassen. Sie benutzen die verschiedensten Möglichkeiten, ihre Informationen in die Welt zu tragen. Aber die bedeutendste Rolle spielt dabei seit jeher die Möglichkeit, durch ein sich in Trance befindliches Medium zu sprechen, das begabt und offen dafür ist, sich für diesen Zweck zur Verfügung zu stellen.

Ein solches Medium war zum Beispiel der amerikanische Buchhändler und Fotograf Edgar Cayce. Er lebte von 1877 bis 1945 in den USA und wurde bekannt als der „schlafende Prophet“. In seinen „Readings“ genannten Sitzungen gab er Tausenden von Ratsuchenden Beistand und Hilfe. In einem tiefen Trancezustand machte er neben gesundheitlichen Empfehlungen auch erstaunlich genaue Vorhersagen zu kommenden politischen Entwicklungen und Weltereignissen. Viele seiner Vorhersagen, wie die beiden Weltkriege sowie die Ermordung J.F. Kennedys, sind eingetreten.

Sobald Cayce in Trance versunken war, erhielt er über das Unbewusste, das seinem Bewusstsein nicht zugänglich war, die Informationen, die er dann verkündete. Er selbst konnte sich nach einer Trancesitzung nie daran erinnern, was er gesagt hatte. Die Readings wurden ab 1923 von einer

Sekretärin aufgeschrieben. Es sind daher die Protokolle von rund 14.000 Sitzungen vorhanden. Sie umfassen ca. 300 Bände in englischer Sprache und sind bis heute erhalten.

In einem Großteil seiner Sitzungen ging es um Hilfe für Kranke. Offensichtlich konnte, während Cayce sich in einem tiefen Trancezustand befand, sein „Inneres Selbst" in Kontakt mit dem „Inneren Selbst" eines Kranken treten und eine fundierte Diagnose stellen, woraufhin ein speziell auf den Leidenden zugeschnittenes Heilmittel erstellt wurde. Dies wurde von der Sekretärin notiert und samt Befund an den behandelnden Arzt des Kranken weitergeleitet.

Die wichtigsten Aussagen, die sich praktisch wie ein roter Faden durch alle Sitzungen ziehen, sind stets gleichbleibend der Hinweis auf die Existenz von Reinkarnation und Karma, allerdings als Instrumente eines liebenden Gottes. Nach Cayce ist der Sinn und Zweck von beidem, dass wir bestimmte spirituelle Lektionen gelehrt bekommen. Wer Gewalt anwendet, wird nach Cayce so lange in weiteren Inkarnationen mit Gewalterfahrungen leiden müssen, bis er von selbst zu der Einsicht kommt, von der Gewalt völlig abzulassen. Weil wir einen freien Willen haben, werden uns diese Einsichten nicht aufgezwungen, wir müssen von selbst darauf kommen. Er wies auch immer wieder darauf hin, dass Schöpfer und Schöpfung nicht voneinander getrennt werden können: „Es gibt nichts auf der Erde, was nicht eine Manifestation Gottes wäre."

Das menschliche Dasein beschrieb Cayce als eine Einheit von Körper, Seele und Geist, wörtlich: „Die Seele (Bewusstsein) ist das Leben. Der Geist (Verstand) ist der Bauherr. Die Physis (der selbst erschaffene Körper und die äußeren Ereignisse) ist das Resultat."

Das gleiche hatte auch schon Paracelsus, ein schweizerisch-österreichischer Arzt, Mystiker und Philosoph, der von 1493 – 1541 lebte, über Krankheit gesagt: „Der Geist ist der Meister, die Vorstellungskraft das Werkzeug und der Körper das formbare Material."

Außerdem präsentierte Cayce Erzählungen von früheren Inkarnationen Jesu. Er beschrieb Jesus als einen Essener, der in seiner Jugend unter anderem auch nach Indien reiste, um die dortigen Religionen zu studieren, bevor er der Urheber des Christentums wurde. Für mich ist das glaubwürdig, weil sich die wahre Lehre Jesu, bevor sie vom 1. Konzil in Nicäa entstellt wurde, kaum vom Kern des Buddhismus unterscheidet.

Es gab noch weitere Propheten dieser Art, die uns eine Fülle nützlicher und wertvoller Informationen überbracht und hinterlassen haben. Ein besonders beeindruckendes Medium war die Autorin Jane Roberts, die von 1929 bis 1984 in den USA lebte. Sie wurde einer weltweiten Öffentlichkeit vor allem als spirituelles Medium für ein Geistwesen namens „Seth" bekannt. Ab dem Jahr 1963 hatte sie regelmäßig Kontakt zu diesem „Seth", der in zweimal wöchentlich stattfindenden Trancesitzungen durch sie sprach und seine Botschaften übermittelte. Diese Mitteilungen wurden von Jane Roberts Ehemann Robert Butts handschriftlich aufgezeichnet und für die Nachwelt erhalten.

In den Sitzungen bezeichnete „Seth" sich selbst als „multidimensionalen Energiepersönlichkeitskern", der die Folge menschlicher Inkarnationen durchlaufen hatte und nun aus einer geistigen Welt höherer Realität zu den Menschen spricht. Jane Roberts selbst hatte aber immer auch die Möglichkeit in Betracht gezogen, bei „Seth" könnte es sich um die Personifizierung eines überbewussten Teils ihres normalen Selbst handeln, mithin also ihrem eigenen Unbewussten entstammen und so etwas wie eine Art „Spaltpersönlichkeit" sein. Das wurde von „Seth" jedoch stets bestritten. Er verwies öfter darauf, dass Jane Roberts und er sich aus früheren Leben kennen würden und sie einst eng verbunden waren. Nach seinen Angaben war Jane in diesen früheren Leben ein Mann mit Namen Ruburt. Den Namen Ruburt benutzte „Seth" in allen Sitzungen, wenn er von Jane Roberts sprach.

Von 1968 bis 1975 fanden regelmäßige Gruppensitzungen mit zahlreichen Teilnehmern statt. In diesen Sitzungen beantwortete „Seth" konkrete Fragen der Anwesenden zu deren persönlichen Problemen und überraschte dabei oft mit zahlreichen Detailkenntnissen aus dem Leben der Fragenden. Am bemerkenswertesten ist aber der Umstand, dass „Seth" als Buchautor tätig wurde. Im Laufe der Jahre diktierte er durch das Medium Jane Roberts insgesamt 10 Bücher, die sich vor allem mit der menschlichen Psyche, der Natur der persönlichen Realität, dem Ursprung des Universums und Sinn und Zweck des physischen Daseins befassen. Die Inhalte der Sitzungen bis zum Jahr 1969 wurden von Jane Roberts unter der Bezeichnung „Seth-Material" zusammengefasst und als Buch mit dem deutschen Titel „Gespräche mit Seth" veröffentlicht. In den späteren Jahren entstanden dann die weiteren Bücher, die abschnittweise von „Seth" übermittelt wurden, wobei er bei jeder neuen Sitzung stets genau dort fortsetzte, wo er an der voran gegangenen aufgehört hatte, so als hätte es keine Unterbrechung gegeben.

Viele Aussagen in diesen Büchern sind als praktische Lebenshilfe konzipiert. Ein wesentlicher Kernsatz aus den Botschaften lautet: Man muss sich selbst und das eigene Denken verändern, um positive Veränderungen im persönlichen Leben zu erreichen. Es ist zwingend erforderlich, die Erwartungshaltung und persönlichen Glaubenssätze an die eigenen Wünsche anzupassen, denn wir erschaffen aus unseren Gedanken und Glaubenssätzen unsere eigene Realität mit all unseren persönlichen Lebenserfahrungen. Für seine Lebenserfahrungen ist jeder Mensch selbst verantwortlich. Konkret sagt „Seth" dieses:

„Missfallen euch die Erfahrungen, die ihr macht, so müsst ihr die Natur eurer bewussten Gedanken und Erwartungen verändern. Ihr müsst die Botschaften modifizieren, die ihr eurem Körper, euren Freunden und Partnern übermittelt."

Über das Universum sagt „Seth": Gott ist eine Quelle unerschöpflicher mentaler Energie, die die gesamte Schöpfung enthält. Diese mentale Energie durchdringt jede einzelne Existenz im Universum und ist das „Baumaterial" für alles, was existiert. Wenn „Seth" von Gott spricht, bezeichnet er den Schöpfergeist stets als „Alles das, was da ist", denn es gibt nichts außer Gott. Alle Materie besteht aus seiner Energie.

Jane Roberts verstarb 1984 im Alter von 55 Jahren an einer Autoimmunerkrankung, ihr Mann Robert Butts starb 2008 an Krebs. Alle Manuskripte und Aufzeichnungen aus den Sitzungen wurden der Bibliothek der Yale Universität in New Haven (Connecticut) übergeben. Es ist bislang das einzige esoterische Material, das dort gelagert wird.

Aber auch heute, in der aktuellen Gegenwart, gibt es medial begabte Menschen, die Kontakte zu jenen „Geistwesen" herstellen können, die sich als verstorbene Freunde und Verwandte in anderen Sphären aufhalten. Allerdings muss an dieser Stelle deutlich darauf hingewiesen werden, dass ein großer Teil jener, die angeben, mit Verstorbenen kommunizieren zu können, nichts anderes als Schwindler sind. Sie erschleichen sich meist mit

Suggestivfragen oder ganz allgemein gehaltenen Angaben das Vertrauen ihrer Zuhörer und täuschen nur vor, solche Kontakte zu haben. Wer sich sicher sein will, nicht an solche Schwindler zu geraten, sollte sich vorher bei Organisationen erkundigen, die sich mit diesen Phänomenen befassen. Das sind zum Beispiel in den USA die

Forever Family Foundation" mit Sitz in Long Island, New York, eine ehrenamtlich tätige Organisation, die sich mit dem Leben nach dem Tod befasst.

und das

Windbridge Institut" mit Sitz in Tucson, Arizona. Das Institut ist eine unabhängige wissenschaftliche Forschungseinrichtung, die gegründet wurde, um „derzeit noch nicht erklärbare Phänomene" wissenschaftlich zu untersuchen.

Beide Einrichtungen untersuchen medial begabte Menschen aus aller Welt mit umfangreichen Prüfungen, die jede Art von Betrug und Mogelei ausschließen. Im „Windbridge Institut" muss jeder Prüfling ein intensives, achtstufiges Prüfungs- und Ausbildungsprogramm durchlaufen. Dazu gehören auch psychologische Tests, sowie sogenannte „blinde" Telefon-Readings. Das sind Sitzungen, in denen der Fragende völlig unbekannt bleibt und auch nicht persönlich anwesend ist, damit das Medium aus Gestik und Mimik des Fragenden keine Rückschlüsse ziehen kann, wenn es zu einem geistigen Kontakt mit den verstorbenen Angehörigen des Fragenden kommt.

Die Lehrerin und Hausfrau Laura Lynne Jackson aus den USA ist eine jener seltenen Fälle, die nach umfangreichen Prüfungen von beiden Einrichtungen als „echtes Medium" anerkannt und zertifiziert wurde. Nach Ansicht der Prüfer ist sie tatsächlich in der Lage mit Verstorbenen zu kommunizieren. Für diese Fähigkeit hat sie unzählige Beweise in zahlreichen Sitzungen erbracht. Sie verlieh vielen Verstorbenen ihre Stimme, womit sie den trauernden Hinterbliebenen Trost spenden und Informationen geben konnte.

Lauras Readings mit den Verstorbenen vermitteln die Gewissheit, dass unsere Seele unsterblich ist und dass wir auch über den Tod hinaus mit unseren Lieben verbunden bleiben. Unsere Lieben sind niemals für uns verloren, wenn sie in die anderen Sphären übergetreten sind. Sie sind immer noch um uns herum, umgeben uns und ermutigen uns, den Weg und den Sinn unseres Lebens zu entdecken und weiter mit Liebe und Licht voranzukommen. Tatsächlich geht niemand von uns alleine durchs Leben. Jeder von uns hat ein „Team of Light" auf der anderen Seite, das uns jederzeit unterstützt. Die wichtigen Botschaften aus diesen anderen Dimensionen sind: Liebe ist die treibende Kraft hinter allem. Niemand führt ein unbedeutendes Leben. Niemand wird vom Universum vergessen. Jeder von uns kann die Welt erhellen.

Ihre Erfahrungen und Gespräche mit den Verstorbenen hat Laura Lynne Jackson in dem Buch „Das Licht zwischen uns" veröffentlicht.

Ich hoffe, mit diesen kaum zu bestreitenden Fakten einen ausreichenden Beweis für unsere physische Unsterblichkeit geliefert zu haben. Wir werden alle den körperlichen Tod überleben, denn unser aller Leben ist vor allem eines: Unsterbliches und ewig lebendes Bewusstsein, das nicht vernichtet werden kann.

Ethische Konsequenzen

Wer verstanden und verinnerlicht hat, dass Gott das Universum ist und dass wir selbst als individuelle Teile Gottes unvergängliches, ewig lebendes Bewusstsein sind, kommt nicht umhin, aus diesem Wissen weitere Konsequenzen für das tägliche Leben zu ziehen. Die wichtigste Einsicht besteht in dem Wissen von der Fortdauer der individuellen Existenz über den körperlichen Tod hinaus. Damit gibt es keinen Grund mehr, Angst vor dem Sterben zu haben. Die meisten jener Menschen, die vorübergehend mit ihrem Bewusstsein den Köper verlassen hatten, wie es beispielsweise bei einer Nahtoderfahrung der Fall ist, gaben später zu Protokoll, dass sie seither jede Angst vor dem Tod verloren hatten. Ihnen war die Endlosigkeit, die unzerstörbare Ewigkeit ihres individuellen Lebens bewusst geworden.

Im Weiteren ist auch der Verlust eines geliebten Menschen nichts weiter als nur eine vorübergehende Trennung. Für uns alle gibt es ein Wiedersehen mit den Verstorbenen im Jenseits – ganz unabhängig davon, ob diese Tatsache vom Einzelnen akzeptiert wird oder nicht. Denn, wie bereits mehrfach betont: Das Bewusstsein eines jeden Menschen ist unsterblich und kann nicht ausradiert werden.

Damit stellt sich natürlich auch die Frage nach dem Sinn von Mord und Totschlag, sowie der Todesstrafe. Welchen Sinn kann es unter diesen Bedingungen tatsächlich noch haben, einen Menschen zu töten? Was kann mit einem solchen Gewaltakt denn wirklich erreicht werden? Das individuelle Bewusstsein eines jeden Menschen kann nicht ausgelöscht oder vernichtet werden. Jegliche Absicht, einen bestimmten Menschen unumkehrbar ausradieren zu wollen, läuft deshalb ins Leere.

Alles, was mit einer solchen Tat erreicht werden kann, ist die „vorläufige" Trennung des Bewusstseins eines Menschen von seinem aktuellen Körper und die vorübergehende Entfernung des Betroffenen aus unserer materiellen Welt. Der Mensch selbst, also sein aus reiner Energie bestehendes individuelles Bewusstsein mitsamt seiner Persönlichkeit, seinem Charakter, seinen Erfahrungen, seinem Wissen, seiner Selbstgewissheit und seinen menschlichen Beziehungen bleibt von einem solchen Gewaltakt völlig unberührt. Das individuelle menschliche Bewusstsein ist unzerstörbar.

Damit will ich nicht sagen, dass es erlaubt, oder auch nur halb so schlimm wäre, einen Menschen zu töten. Das ist es absolut nicht! Für einen solchen Gewaltakt gibt es keine Rechtfertigung. Ich will damit nur hervorheben, wie völlig sinnlos es ist, einen Menschen vernichten zu wollen. Denn das gelingt nie! Alles, was mit einer solchen Tat erreicht werden kann, ist, großes Leid zu verursachen. Mehr nicht! Dieses Leid wird aber nicht nur dem Opfer angetan, sondern auch all seinen Freunden und Verwandten, die nun um das Opfer trauern.

Vor allem wird dieses auch einer Wesenheit angetan, an das die meisten Menschen überhaupt nicht denken: *Gott!*

Weil der Schöpfergeist die Essenz des Lebens ist und Gott in allem Sichtbaren und Unsichtbaren präsent ist und alles, was existiert, aus dem Geist Gottes besteht, nimmt Gott immer an allem teil, was geschieht. Ein Umstand, den Jesus seinen Gläubigen mit diesen Worten vermittelte

„Es fällt nicht einmal ein Sperling auf die Erde, ohne dass euer Vater es weiß."

Diesen Zusammenhang, verbunden mit der Aufforderung Gewalt zu unterlassen, verdeutlichte Jesus ganz unmissverständlich noch mit dieser weiteren Aussage:

„Was ihr dem geringsten meiner Brüder getan habt, das habt ihr mir getan."

Man kann es zum besseren Verständnis auch so ausdrücken:

„Jede Gewalt, die gegen einen Menschen ausgeübt wird, ist zugleich Gewalt gegen unseren Schöpfer, denn Gott lebt in allem, was ER geschaffen hat. Er lebt auch in dem Menschen, der zum Opfer dieser Gewalt geworden ist."

Gewalt ist deshalb ein inakzeptables Unrecht und es ist völlig irrelevant, aus welchen vermeintlich „guten Gründen" sie verübt wird. Für Gewalt, Terror und Mord gab und gibt es niemals eine Rechtfertigung – auch dann nicht, wenn andere Menschen scheinbar unwiderlegbare Argumente für die Anwendung von Gewalt und das Töten von Menschen geltend machen.

Im Besonderen taugen religiöse Gründe nicht zur Anwendung von Gewalt. Eine Religion die zur Tötung Andersgläubiger oder Ungläubigen aufruft, weil ihr Gott es angeblich so will, hat den Anspruch verwirkt, den „Willen" des allumfassenden Schöpfers auf Erden zu vertreten.

Eine solche Religion dient vielen der sogenannten Rechtgläubigen nur als Rechtfertigung zum Ausleben ihrer eigenen perversen Lust an Gewalt, Terror, Mord und Totschlag. Sie nutzen diese angeblich religiös motivierten Gewaltakte, um ihre niederen Triebe auszuleben und um dieses dann vor ihrem eigenen Gewissen und anderen Menschen als „gute religiöse Tat" zu rechtfertigen. Natürlich funktioniert so etwas nicht wirklich. Es führt lediglich durch Wiedergeburt und Karma zu weiteren irdischen Leben mit Gewalterfahrungen.

Sei klug und weise – sei gewaltlos! Aus gutem Grund wurde den Menschen mit dem 6. Gebot auch dieses gesagt:

„Du sollst nicht töten."

Wer den Schöpfer als heilig anbetet, aber zugleich einzelne Menschen als unheilig betrachtet und töten will, weil sie entweder seine Religion nicht akzeptieren wollen, oder z. B. das Ehegelöbnis gebrochen haben, oder weil sie gar homosexuell sind, der handelt definitiv gegen die Interessen dieses Gottes, dem er vermeintlich dient.

Die Behauptung, dass es „unreine" Menschen oder Tiere gibt, ist vor dem Hintergrund der tatsächlichen Gegebenheiten gleichbedeutend mit der Behauptung, Gott selbst wäre „unrein". Die Verkünder solcher dummen Ansichten übersehen in ihrer Unkenntnis stets den wichtigen Punkt, dass Gott in allem lebt, was da ist und das alles, was da ist, nur aus der lebendigen Energie Gottes besteht. Bezichtigt man auch nur den kleinsten Teil der Schöpfung, unrein zu sein, bezichtigt man Gott selbst, der alles erschaffen hat und in allem lebt, dieser Unreinheit.

Solche falschen Behauptungen offenbaren deshalb nur ein grundsätzliches Unwissen über den Schöpfer, den zu vertreten sie vorgeben. In Wirklichkeit gibt es auf der gesamten Welt und im gesamten Universum nichts, was die Bezeichnung „unrein" verdienen würde, denn es ist alles Gott! Schöpfer und Schöpfung sind identisch. Deshalb gibt es in der gesamten Schöpfung nichts Unreines.

Auch dieses muss deutlich hervorgehoben werden: Niemals hat dieser Schöpfergeist durch einen Propheten verkünden lassen, Menschen zu töten, weil sie einer bestimmten Religion nicht beitreten wollen. Solche Tötungsaufrufe können nur einem verwirrten Geist, der von Gott nichts weiß, entsprungen sein. Ebenso unsinnig ist es zu glauben, die Mitgliedschaft in einer bestimmten Religion würde das einzelne Mitglied über die Masse jener erheben, die nichts mit dieser Religion zu tun haben wollen. Auch diese Behauptung ist blanker Unsinn. Egal, ob Kaiser oder Bettler, Gläubiger oder Ungläubiger. Vor unserem Schöpfer sind wir alle gleich.

Es ist außerdem völlig bedeutungslos, welche Hautfarbe ein Mensch hat und welcher Rasse jemand angehört, auch in diesem Punkt sind alle Menschen gleichwertig, weil jeder ein Teil des einen lebendigen Gottes ist. Eine Unterscheidung der Menschen in „lebenswert" und „nicht lebenswert", in „rein" oder „unrein" ist eine Schande gegenüber dem einen alleinigen Schöpfergeist, dem wir alle unsere Existenz verdanken und der in uns allen lebt.

Damit dürfte auch klar sein, dass Rassismus in jeder Form völlig inakzeptabel ist. Es spielt dabei auch keine Rolle, ob sich dieser Rassismus gegen eine junge schwarze Frau oder einen alten weißen Mann richtet. Er ist in jedem Fall falsch.

Aus den Berichten vieler Menschen, die sich an vorangegangene Leben erinnern können, geht hervor, dass in den verschiedenen Leben sowohl das Geschlecht, wie auch die Hautfarbe geändert wurden. Ein weißer Mann kann im nächsten Leben als schwarze Frau wiedergeboren werden. Der Täter in dem einen Leben kann durchaus das Opfer in einem anderen Leben sein. Solche Arrangements sind nicht ungewöhnlich. Diese Entscheidungen sind stets freiwillig und dienen dem Zweck, die jeweils andere Perspektive einer menschlichen Existenz zu erfahren, um sie besser verstehen zu können. Denn die irdische Existenz dient dem Lernen, dem Wachsen in Liebe und Verständnis, sowie der Entwicklung persönlicher Fähigkeiten und Talente, um damit das Leben aller anderen Mitmenschen und Geschöpfe zu bereichern.

Dasselbe sagten auch die bereits genannten Propheten wie Edgar Cayce und Seth. Das irdische Leben ist ein immerwährender Lernprozess. Niemand von uns geht durch diese Existenz ohne Fehler zu machen, aber es ist unsere Pflicht, das, was wir als falsch erkannt haben, fortan zu unterlassen.

Dir geschieht nach deinem Glauben

Den meisten Menschen ist der fundamentale Kern des christlichen Evangeliums überhaupt nicht bekannt, obwohl es der wichtigste Sachverhalt ist, den man kennen sollte, weil er das Schicksal eines jeden einzelnen Menschen auf dieser Welt täglich beeinflusst. Mal zum Guten, mal zum Schlechten. Auch deines, liebe Leserin und lieber Leser. Und zwar völlig unabhängig davon, ob die Menschen davon wissen, ob sie es überhaupt bemerken – oder auch nicht.

Das gilt im Übrigen auch für Jene, die eine rein materialistische Weltanschauung haben und Begriffe wie z. B. Bewusstsein, Seele und Schöpfergott als irreal ablehnen. Alle Menschen, ohne eine Ausnahme, unterliegen denselben Wirkmechanismen, wenn ich diesen Begriff mal so gebrauchen darf, auf den Jesus in den Evangelien immer wieder hingewiesen hat. Es gilt selbstverständlich auch für jene, die einer anderen Religion angehören und auf einen anderen Gott schwören. Auch sie können sich diesen grundsätzlichen spirituellen Regeln nicht entziehen. Diese kann man am besten so präzisieren:

Es ist der Einfluss des individuellen Glaubens, die Ansammlung der unterschiedlichen akzeptierten Glaubenssätze eines jeden Menschen auf sein persönliches Schicksal.

Da sich die christlichen Religionsgemeinschaften und die großen christlichen Amtskirchen unter Ausschluss der bedeutendsten Fakten, die Jesus vermittelt hat, auf eine völlig andere Auslegung der christlichen Botschaft festgelegt haben, kann man von diesen Organisationen auch keine brauchbaren Informationen zu diesem Thema bekommen. Ihre weltlichen Vertreter wissen einfach nichts darüber, denn der elementare Teil des Evangeliums ist ihnen verborgen geblieben, nachdem sie sich in ihrem ideologischen Gefängnis verrannt und selbst eingesperrt haben.

Der große Unterschied zwischen der Irrlehre der christlichen Kirchen und dem, was Jesus wirklich lehrte, wird besonders deutlich im Zusammenhang mit der Erlösung der Menschen. Gemäß Auslegung der christlichen Amtskirchen erfolgte die Erlösung der Menschen durch die brutale Kreuzigung, der Jesus sich angeblich freiwillig unterworfen hatte. Sein grausamer Tod am Kreuz soll die Menschen erlöst haben. Gemeint war mit dieser Erlösung vor allem die Tilgung aller Sünden des Individuums durch den Tod Jesu.

Ich persönlich habe in dieser Schilderung noch nie Logik und Sinn erkennen können. Denn ein ganz wesentlicher Punkt an dieser Geschichte ist die Tatsache, dass die Menschen damit entpflichtet wurden, selbst etwas für ihre Erlösung zu tun. Eine Eigenleistung, um von allen Übeln, Charaktermängeln, Sorgen oder gar Sünden erlöst zu werden, war nun nicht mehr erforderlich. Diese Arbeit ist den gläubigen Christen durch die Kreuzigung abgenommen worden.

Zugleich wird damit natürlich auch vermittelt, dass das Individuum nichts mehr zu seiner Erlösung selbst beitragen kann. Denn die Erlösung wird unter dieser Prämisse zu einer Angelegenheit, für die nur Gott höchstpersönlich zuständig ist und nicht der einzelne Mensch. Der Mensch ist nach dieser Auffassung nur noch ein hilf- und machtloses Objekt, an dem göttliche Handlungen vollzogen werden - oder vielleicht auch nicht, wenn Gott einmal nicht gnädig sein sollte. Dementsprechend erscheint nach dieser ideologischen Verirrung jegliches Unglück, das einen Menschen treffen kann, als ein gottgewolltes Ereignis.

Im Weiteren gab diese Irrlehre den Vertretern der Amtskirchen große Macht über ihre Gläubigen, denn die Priester, als Vertreter Gottes auf Erden, hatten die Befugnis Menschen von Sünden freizusprechen und ihnen damit die drohende Hölle zu ersparen. Dieser „Freispruch" erfolgte natürlich nur, wenn der „Sünder" sich dem Willen der Kirchenfürsten unterwarf, was deren Macht naturgemäß weiter verfestigte.

Außerdem half diese irrige Betrachtungsweise logischerweise auch kräftig dabei mit, die Herrschaft von Kaisern, Königen, Grafen usw. als von „Gott gewollt" zu legitimieren und unantastbar zu machen, sofern ein Geistlicher dem Thronanwärter seinen Segen gab.

Selbstverständlich ist diese Auslegung der Amtskirchen blanker Blödsinn, auch wenn die Kirchenleute in ihrem ideologischen Käfig auf die Richtigkeit dieses Unsinns bestehen, denn, wie bereits gesagt, diese Irrlehre hat der Kirche viele Jahrhunderte lang große Macht über die Gläubigen verliehen. Aber sie hat auch dazu geführt, dass allzu viele Menschen den unwissenden Pfaffen auf den Leim gegangen sind und in einem unbefriedigenden Schicksal gefangen blieben, statt sich für irdisches Glück, der Erfüllung individueller Wünsche und die Befriedigung persönlicher Bedürfnisse zu entscheiden, was jederzeit auch eine durchaus vorhandene Möglichkeit war.

Ihre tatsächliche Aufgabe, die zugleich der alleinige Grund für ihre Existenz ist, hat die Kirche seit dem Konzil von Nicäa im Jahr 325 nicht mehr erfüllt – nämlich die friedliche und gewaltlose Weiterverbreitung der „frohen Botschaft", die Jesus lehrte, an alle Interessierten weltweit. Die wahre Lehre musste sinnentleerten Dogmen weichen.

Der wahre christliche Auftrag seit den ersten Aposteln besteht vor allem darin, dir das Wissen zu vermitteln, wie du dich selbst von allen „Übeln" befreien kannst, um zu einem glücklichen und zufriedenen Leben zu gelangen. Lasse dich also nicht von Kirchenvertretern oder sonstigen vermeintlichen Experten irritieren. Der wesentliche Kern des Evangeliums lautet:

Dir geschieht nach deinem Glauben!

Das ist die eigentliche und wichtigste Botschaft der Evangelien. Was genau dieser Satz „Dir geschieht nach deinem Glauben" nun für dich und dein Schicksal bedeutet, und warum er so wichtig ist, hat Jesus im Zusammenhang mit den überlieferten Wunderheilungen immer wieder deutlich hervorgehoben.

Es gibt in den überlieferten Schriften nicht eine einzige Beschreibung einer Heilung, die von Jesus nicht mit den Worten *„Dein Glaube hat dir geholfen"* kommentiert wurde. Analysiert man jeweils das gesamte Geschehnis, dann wird deutlich, dass durch das Auftreten von Jesus in der Psyche der Kranken und Leidenden ein Wandel der Glaubenssätze stattgefunden hat. Das wird zum Beispiel in dieser Geschichte aus dem Matthäus-Evangelium sehr anschaulich, das ich zur Verdeutlichung anführen möchte:

Als sich Jesus im Kreis seiner Jünger befand, trat eine Frau, die schon zwölf Jahre an Blutungen litt, von hinten an ihn heran und berührte den Saum seines Gewandes; denn sie sagte sich: *„Wenn ich auch nur sein Gewand berühre, werde ich geheilt."*

Jesus wandte sich um und als er sie sah, sagte er: *„Hab keine Angst, meine Tochter, dein Glaube hat dir geholfen."*

Von dieser Stunde an war die Frau geheilt.

Jesus sagte ganz bewusst nicht *„Ich habe dich geheilt"*, sondern im Gegenteil, er betonte ausdrücklich, dass es der Glaube der Frau war, der ihr geholfen hatte. Konkret hat eine innere Wandlung in der Psyche der Frau stattgefunden, wie wir es auch noch an vielen anderen Beispielen erkennen werden. Der Wandel der Glaubenssätze im Inneren der Kranken hob die bisherigen Blockaden auf und ermöglichte daraufhin dem „Inneren Selbst" der Betroffenen die Heilung zu bewirken. Und diese Geschichte ist nur eine Überlieferung von vielen gleichartigen.

Faktisch ist damit nichts anderes geschehen als das, was man in der heutigen Medizin als Placebo-Effekt kennt. Der unerschütterliche Glaube an die Genesung stellt die Gesundheit wieder her – auch wenn keine wirksame Medizin daran beteiligt ist.

Beachtenswert ist in diesem Zusammenhang vor allem die Tatsache, dass das „Innere Selbst" auch solche Glaubenssätze verwirklicht, die gravierende Auswirkungen auf den Zustand und die Gesundheit des Körpers haben. So etwas bewerkstelligen zu können, liegt absolut in den Möglichkeiten dieser Instanz in dir, denn das „Innere Selbst" erschafft deinen gesamten Körper. Es kennt jede Zelle und jedes Organ, und es steuert alle unbewussten körperlichen Abläufe, die deinen Körper am Leben erhalten. Es kann deshalb auch nahezu jede Heilung bewirken – von einzelnen Ausnahmen, wie z. B. fehlende Gliedmaßen, abgesehen.

Vor diesem Hintergrund ist es deshalb natürlich sinnvoll, nur solche Glaubenssätze aus dem Bereich der Medizin zu akzeptieren, die deiner psychischen und physischen Gesundheit förderlich sind. Nicht gesundheitsfördernd sind Glaubenssätze wie diese:

„Das Unterbewusstsein ist eine Rumpelkammer."

„Man ist von klein auf an unveränderlich geprägt."

„Der Körper ist allen Krankheiten hilflos ausgeliefert."

„Je älter man wird, umso mehr hinfälliger wird der Körper"

„Der Charakter wird durch die Gene bestimmt."

„Beim geringsten Windhauch erkälte ich mich."

„Dieses oder jenes macht mich ganz krank."

und ähnliche, deren weitere Aufzählung ich mir erspare. Kommen wir nun noch zu einem weiteren Schlüsselsatz, den Jesus auch oft betont hat:

„Ein Jeder kehre vor seiner eigenen Tür!"

Dieser Satz ist die sinnbildliche Aufforderung bei sich selbst anzufangen, das Eigene in Ordnung zu bringen, im eigenen Bereich mit der Säuberung zu beginnen, statt Fehler und Fehlverhalten bei anderen Menschen korrigieren zu wollen. Er gilt ohne eine Ausnahme für alle Menschen in allen Ländern dieser Welt. Jeder Mensch muss dort anfangen, wo er ist und sich für eine Verbesserung des eigenen Lebens und der eigenen Lebensbedingungen einsetzen. Dies gilt für einzelne Personen, wie auch für Organisationen, komplette Regierungen, Parteien, Firmen und sonstigen Vereinen. Wo immer jemand den Einfluss dafür hat, gilt der Grundsatz:

„Fange bei dir selber an! Kehre vor deiner eigenen Tür!"

Untermauert hat Jesus diese Aufforderung noch mit einem weiteren wichtigen Hinweis:

„Warum siehst du den Splitter im Auge deines Bruders, aber den Balken in deinem Auge bemerkst du nicht?"

Mit diesen Worten wies Jesus darauf hin, dass manche Menschen zwar bei anderen Menschen die winzig kleinsten Fehler erkennen, dass sie jedoch zugleich außerstande sind, die eigenen und oftmals viel größeren Fehler bei sich selbst wahrzunehmen, weil sie die Augen davor ganz bewusst fest verschließen.

Deine eigenen Fehler wirst du sofort im vollen Umfang sehen, wenn du bei dir selbst anfängst und du dich offen, kritisch und ehrlich selbst betrachtest – ohne Beschönigungen, ohne Ausreden und ohne Schuldverschiebungen auf andere.

Es ist unsere gemeinsame Aufgabe zur Verbesserung der Welt beizutragen, indem wir Liebe, Mitgefühl, Hilfsbereitschaft und Empathie für andere entwickeln. Aber dies setzt voraus, dass wir dort beginnen, wo diese Veränderungen möglich sind – bei uns selbst. Einen anderen Weg zur Verbesserung der Welt gibt es nicht.

Das heißt, wir sind auch für unsere Charakterbildung verantwortlich. Spätestens, wenn wir erwachsen sind, tragen wir die volle Verantwortung für unsere charakterlichen Mängel und sind aufgefordert, diese in uns selbst in Ordnung zu bringen.

Kein Charakter ist unveränderbar! Niemand muss auf ewig in Prägungen aus der Kindheit gefangen bleiben. Jeder Mensch trägt in sich auch die Möglichkeit, sich zu verändern und jeder kann zu einer Person mit besseren Grundsätzen und Idealen werden. Wie du im Weiteren sehen wirst, ist auch die Persönlichkeitsbildung nur eine Frage der akzeptierten Glaubenssätze, die du über dich selbst hast.

Die in den Evangelien beschriebene Wandlung des „Saulus zum Paulus" ist ein gutes Beispiel für so eine gravierende Charakterwandlung. Diese Wandlung ist möglich auf der Grundlage unserer weltlichen Existenz, wie Jesus sie immer wieder betont hatte:

„Alles ist dem möglich, der da glaubt."

Wenn du mit einigen deiner Charaktereigenschaften nicht zufrieden bist, dann reicht es, deine eigenen Glaubenssätze verändern, die du über dich selbst hast. Zum Beispiel von

„Ich bin schüchtern. "

zu

„Ich bin jetzt selbstbewusst und selbstsicher in jeder Situation. "

Sobald du diesen einfachen Vorgang verstanden hast, ist es nur noch ein kleiner Schritt zu der daraus resultierenden logischen Konsequenz. Wenn du die Welt zum Guten verändern willst, musst du bei dir selbst anfangen. Denn es liegt nicht in deiner Macht, die Glaubenssätze in den Köpfen anderer Menschen zu verändern, wenn diese es nicht selbst wollen und sich dagegen sperren.

Lasse dir die Inschrift auf dem Grabstein eines anglikanischen Bischofs in der Westminster Abbey in London eine Lehre sein:

„Als ich jung und frei war und meine Phantasie keine Grenzen kannte, träumte ich davon, die Welt zu verändern.

Als ich älter wurde und weiser, entdeckte ich, dass sich die Welt nicht ändern würde, also änderte ich meinen Blick etwas und beschloss, nur mein Land zu ändern. Aber es schien ebenso unbeweglich.

Als mein Lebensabend vor der Tür stand, unternahm ich einen letzten verzweifelten Versuch und entschied mich dafür, nur meine Familie zu ändern, die, die mir am nächsten waren. Aber sie wollten nichts davon wissen.

Und nun liege ich auf meinem Totenbett und mir wird plötzlich klar:

Wenn ich mich nur selbst zuerst verändert hätte, dann hätte ich durch gutes Beispiel meine Familie verändert. Durch ihre Inspiration und Ermutigung hätte ich mein Land verbessern können und wer weiß - vielleicht sogar die Welt."

Was unter einem Glaubenssatz zu verstehen ist

Befassen wir uns nun als nächstes mit der Klärung der Frage, was genau der „Glaube" ist, von dem Jesus meinte, er hätte geholfen, die Kranken wieder gesund werden zu lassen. Bleiben wir bei dem Beispiel mit jener kranken Frau aus dem Matthäusevangelium, die seit zwölf Jahren an unstillbaren Blutungen litt. In Anbetracht dieser langen Leidenszeit, in der sie mit Sicherheit versucht hatte Heilung zu finden, wird sie zu der Überzeugung gelangt sein, dass keine der ihr zugänglichen Therapien ihr Leiden lindern oder heilen konnte. Offensichtlich ist sie dann irgendwann zu der Überzeugung gelangt, dass ihr nichts anderes mehr helfen könnte, außer vielleicht ein Wunder.

Nun können wir natürlich nur darüber spekulieren, was genau in der Psyche dieser Frau wirklich geschah, aber dennoch liegt es auf der Hand, dass sie irgendwann zu Auffassungen gelangt war, die ihren Krankheitszustand dauerhaft verfestigt hatten. Dies sind Überzeugungen, die in etwa so lauten könnten:

„Ich bin unheilbar krank, leider kann mir nichts helfen."

Aus Sicht der betroffenen kranken Frau wäre dies eine absolut zutreffende und sachliche Feststellung, die gewiss von vielen anderen Menschen als unstrittig geteilt wird.

Den meisten Menschen kommt allerdings überhaupt nicht in den Sinn, zu hinterfragen, was diese Bewertung *„Ich bin unheilbar krank, leider kann mir nichts helfen"* in der Psyche auch sonst noch ist. Ich werde es dir sagen, diese Worte sind obendrein auch ein verfestigter Glaubenssatz, d. h. ein Glaubenssatz, der Realität geworden ist, ein Glaubenssatz, der sich verwirklicht hat, der konkret gesagt, vom „Inneren Selbst" der Kranken als körperlicher Ausdruck in die materielle Welt übertragen und sichtbar gemacht wurde.

Im Weiteren sorgt dieser Glaubenssatz nun dafür, dass die kranke Frau, solange sie diesen Glaubenssatz für wahr und zutreffend hält, diesen Zustand auch in der Außenwelt als wahr und zutreffend erleben wird – was im Prinzip die eigentliche Ursache für eine dauerhafte Manifestation ist.

Ganz sicher dürfen wir davon ausgehen, dass sich die Frau einen Glaubenssatz wie z. B. *„Ich bin unheilbar krank, leider kann mir nichts helfen"* oder ähnlich nicht zielstrebig selbst eingeredet hat, um nun für viele Jahre chronisch krank zu werden. Jedoch dürfte es auch richtig sein, dass irgendwann, vermutlich aus anderen Gründen heraus, eine körperliche Beeinträchtigung bei ihr aufgetreten war, auf die sie sich dann geistig konzentriert hatte. Möglicherweise hatten anfängliche Heilungsversuche nicht den gewünschten Erfolg, sodass in ihr mehr und mehr die Überzeugung wuchs: „Das hilft mir nicht". Möglich wäre natürlich auch gewesen, dass diese kranke Frau aus ärmlichen Verhältnissen kam und sich einen Heiler überhaupt gar nicht leisten konnte. Aber wie auch immer, mit ziemlicher

Sicherheit ist festzustellen, dass sie im Verlauf der Erkrankung zu Gedanken und Glaubenssätzen kam, die ihre Krankheit dauerhaft verfestigten.

Wie bereits gesagt, es bleibt reine Spekulation zu ergründen, wie und auf welche Weise die Frau zu diesen Einstellungen gekommen ist. Interessant ist in diesem Zusammenhang für uns auch nur, dass sie ganz offenkundig später zu dem Glauben kam, ein göttliches Wunder könnte ihr helfen und dieses Wunder würde in jenem Moment geschehen, wo sie das Gewand von Jesus berühren würde.

Diese Hoffnungen, Erwartungen und Gedanken von ihr fanden ihren Ausdruck in einer neuen Überzeugung, an der sie nicht den kleinsten Hauch eines Zweifels hatte:

„Wenn ich auch nur sein Gewand berühre, werde ich geheilt".

Das ist ein neuer Glaubenssatz, an den sie zutiefst und unerschütterlich glaubte. Ein Glaubenssatz, der das Gegenteil ihrer bisherigen Überzeugungen darstellt. Nun konnte das Wunder geschehen. Die kranke Frau brauchte zur Auslösung und Vollendung des erwarteten Wunders nur noch das Gewand von Jesus zu berühren – und sogleich wurde sie wieder gesund!

Da dieses Wunder lediglich durch einen inneren Wandel der Glaubenssätze von ihr selbst bewirkt wurde, kommentierte Jesus das Geschehen ausdrücklich mit diesen Worten:

„Dein Glaube hat dir geholfen".

Ich hoffe, es wurde damit deutlich, was Jesus mit dem „Glauben" meinte, der geholfen hat. Es war nicht der Glaube an ihn, Jesus, oder an seine angeblichen „göttlichen Heilkräfte". Nein – es war der neue Glaubenssatz dieser Frau, der das Wunder bewirkte. Das Wunder geschah aus ihr selbst heraus! Es wurde von ihrem eigenen „Inneren Selbst" bewerkstelligt.

So funktioniert es!

Grundsätzlich sind Glaubenssätze erhärtete und verdichtete Überzeugungen, die zu unbestreitbaren Ideen über die persönliche Realität wurden. Sie werden für wahr gehalten und stehen außerhalb jeden Zweifels. Für den einzelnen Menschen haben Glaubenssätze den Charakter feststehender Tatsachen, die nicht weiter überprüft werden müssen, da sie sich von selbst verstehen. Sie werden für Eigenschaften der Realität gehalten und nicht als das erkannt, was sie wirklich sind, nämlich nur bloße Glaubensvorstellungen über die Realität. Hier ist so einer, der seit vielen Generationen die Sichtweise und das Leben der Menschen beeinflusst – leider nicht zum Besseren:

„Die Materie hat das Leben hervorgebracht. Das Leben entstand im Laufe von Milliarden Jahren aus der Materie."

Viele Wissenschaftler haben diesen irrealen Glaubenssatz akzeptiert, ohne ihn jemals zu hinterfragen. Sie würden gar nicht auf die Idee kommen, diese pure Glaubensvorstellung überhaupt in Frage zu stellen. Dieser falsche Glaubenssatz hat natürlich auch verhängnisvolle Auswirkungen auf das soziale Zusammenleben und das Befinden der einzelnen Menschen, denn im Prinzip sagt er aus, dass das Leben jedes Menschen ohne tieferen Sinn ist, denn das Individuum verdankt nach dieser Betrachtungsweise seine Existenz nur einer zufälligen Laune der Natur.

Es wird höchste Zeit, die Verbreitung dieses falschen Glaubenssatzes zu stoppen und einen Paradigmenwechsel hin zur Wahrheit einzuleiten. Ich möchte an dieser Stelle noch einmal deutlich festhalten, dass Glaubenssätze die persönlichen Erfahrungen eines jeden Menschen steuern!

Jeder Mensch trägt in sich eine Ansammlung der unterschiedlichsten Glaubenssätze aus allen erdenklichen menschlichen Bereichen. Darunter sind möglicherweise völlig untaugliche, die sehr persönlicher Natur sind und vielleicht noch aus der Kindheit stammen, wie zum Beispiel:

„Ich tauge nichts und bin nichts wert.“

„Niemand liebt mich.“

„Ich bin unsicher.“

„Ich bin unbegabt und ich kann nichts.“

„Ich bin schüchtern.“

„Die Menschen nutzen mich nur aus.“

"Ich habe nie Glück."

"Ich habe immer Pech."

Solche und ähnliche Glaubenssätze wirken sich extrem negativ auf das individuelle Schicksal aus, denn zum einen verursachen sie entsprechende bedrückende Gefühle der Minderwertigkeit, zum anderen stehen sie einem erfüllten Leben im Weg. Wer so etwas glaubt, wird niemals das Glück einer wahren Liebe kennenlernen und auch sonst auf keinem Gebiet irgendwelche nennenswerten Erfolgserlebnisse für sich verbuchen können.

Es gibt noch viele weitere Glaubenssätze, die jene Menschen, die solche destruktiven Grundüberzeugungen haben, von einem erfüllten Leben ausschließen. Zum Beispiel:

„Die Welt ist schlecht."

„Die Menschheit ist böse."

„Reiche Menschen sind schlechte Menschen."

„Männer / Frauen taugen nichts."

„Alle Männer sind gewalttätig."

„Alle Frauen sind falsche Schlangen."

Andere Menschen wiederum halten solche Glaubenssätze für richtig und akzeptabel, mit denen Gewaltakte gerechtfertigt werden sollen:

„Der Zweck heiligt die Mittel."

„Wo gehobelt wird, fallen Späne."

„Ungläubige müssen getötet werden."

„Schwule müssen getötet werden."

„Die eigene Frau zu schlagen ist völlig in Ordnung."

„Antifa ist Handarbeit."

„Gewalt ist ein legitimes Mittel, um seine Ziele zu erreichen."

„Durch einen Mord kann ich meine Ehre wieder herstellen."

Solche Gewalt befürwortenden Glaubenssätze sind völlig inakzeptabel, denn es gibt niemals eine Rechtfertigung für Gewalt. Es hat sie auch nie gegeben – egal welche irreführenden Ansichten von vermeintlichen religiösen Experten hierzu auch verbreitet werden. Alle Gewalt, die einem Menschen zugefügt wird, wird immer auch unserem Schöpfer angetan. Gott hat sich sehr deutlich dazu geäußert, welches Verhalten wir gegenüber anderen Menschen haben sollen:

„Du sollst nicht töten und deinen Nächsten lieben, wie dich selbst."

Daran gibt es nichts misszuverstehen. Echte Liebe ist immer gewaltlos! Die Vielfalt dessen, was man sonst noch zum eigenen Schaden glauben kann, ist unendlich groß, deshalb möchte ich hier auch nur noch einige weitere schlechte Glaubenssätze als beispielhaft anführen:

„Ich bin ein Pechvogel."

„Freitag der 13. ist mein Unglückstag."

„Ich bin meinem Schicksal hilflos ausgeliefert."

„Ich komme zu nichts."

„Ich hasse mich und kann mich nicht leiden."

„Nichts klappt, alles geht schief."

„Die Sterne bestimmen mein Schicksal."

„Das Leben ist nur im Suff zu ertragen."

„Die Menschen mögen mich nicht."

„Ich bin anfällig für Krankheiten, beim geringsten Luftzug erkälte ich mich."

„Meine Leistung wird nicht gewürdigt."

„Undank ist der Welt Lohn."

„Gott straft mich."

Alle diese Glaubenssätze haben eines gemeinsam, sie werden zum Ausdruck kommen und dem Träger dieser Überzeugung ihre Richtigkeit beweisen. Sie werden in der Außenwelt Lebenserfahrungen hervorbringen, die genau das bestätigen, was der Glaubenssatz ausdrückt.

Im Weiteren prägen solche Glaubenssätze natürlich auch das individuelle Gefühlsleben. Neben den schlechten Lebenserfahrungen bringen sie auch Frust, Enttäuschung, Wut und Angst hervor und fördern eine wachsende Hilflosigkeit gegenüber dem eigenen Schicksal.

Außerdem filtern Glaubenssätze generell die zur Verfügung stehenden Informationen. Gedanken, die nicht mit den gegenwärtig akzeptierten Glaubenssätzen übereinstimmen, werden von den meisten Menschen abgelehnt und verworfen. Ausnahmen hiervon bilden nur solche Menschen, die weiter lernen wollen und deshalb stets bereit sind, ihre bisherigen Ansichten durch neue Erkenntnisse zu überdenken.

Besonders denkfaule Menschen, sowie unbelehrbare, durch unterschiedliche Ideologien verblendete Individuen und Fanatiker, die sich im Besitz der alleinigen Wahrheit wähnen, werden hingegen nur solche Gedanken akzeptieren, die ihre bisherigen Grundüberzeugungen bestätigen. Alle anderslautenden Daten und Informationen werden von solchen Personen ignoriert, verdrängt und bisweilen sogar auf das heftigste bestritten.

Um ein glückliches und erfülltes Leben zu führen, ist es für dich von allergrößter Wichtigkeit die völlige Kontrolle über die Auswahl deiner eigenen Glaubenssätze zu übernehmen. Du solltest sie alle kennen, damit du sie gegebenenfalls verändern kannst, wenn du mit einigen deiner Lebenserfahrungen nicht zufrieden bist.

Veränderst du deine Glaubenssätze, so kannst du voll darauf vertrauen, dass sich die neuen besseren genauso sicher verwirklichen, wie die schlechten, die zum Ausgangspunkt der schlechten Erfahrungen wurden.

Wie Glaubenssätze verändert werden, zeige ich dir im weiteren Verlauf des Buches. Aber zuerst solltest du deine jetzigen Glaubenssätze alle erkunden, die guten wie auch die schlechten. Lerne deshalb im ersten Schritt hin zu einer positiven Veränderung deines Lebens, wie du dir deine akzeptierten Glaubenssätze bewusst machst. Das ist einfacher als du denkst, denn sie sind dir alle zugänglich. Du kannst dir den Vorgang erleichtern, wenn du dementsprechend auch ganz bewusst denkst. Beginne beispielsweise mit dieser Suggestion, das heißt, denke und rede dir das nachfolgende selbst ein:

„Ich mache mir jetzt alle meine Glaubenssätze bewusst. Das geht ganz einfach. Sie sind mir jetzt alle bewusst und ich nehme sie ganz unvoreingenommen zur Kenntnis. Ich bewerte meine Glaubenssätze nicht, ich verdränge sie nicht, ich nehme sie einfach nur zur Kenntnis und schreibe sie auf."

Wer ehrlich und aufrichtig die Inhalte seiner eigenen Psyche erforscht, begibt sich auf eine spannende und lehrreiche Entdeckungsreise. Möglicherweise erscheint es am Anfang etwas schwierig, die eigenen Glaubenssätze in ihrer Gesamtheit zu identifizieren. Versuche nichts zu erzwingen und nehme die Haltung eines neutralen Beobachters ein. Nach einiger Zeit tauchen alle aktuellen Glaubenssätze in deinem Bewusstsein auf, vielleicht nur einzeln nach und nach, und nicht alle auf einmal, aber du wirst sie alle sehr bewusst kennenlernen. Notiere jeden Glaubenssatz sofort auf einer Liste, sobald er dir bewusst geworden ist. Habe Geduld, in Einzelfällen kann sich der Vorgang bis zu mehreren Wochen hinziehen. Machst du diese Arbeit gewissenhaft, erlangst du nach und nach eine komplette Übersicht über die Gesamtheit deiner Glaubenssätze.

Die individuelle Gefühlswelt wird gesteuert von den eigenen Glaubenssätzen, die aus Gedanken entstehen. Konkret heißt dies, die Gefühle eines Menschen tauchen nicht irgendwie grundlos aus dem Nichts auf, sondern sie wurzeln in entsprechenden Überzeugungen des Individuums. Sie haben ihren Ursprung stets in individuellen Glaubenssätzen. Diese Erkenntnis lässt sich sehr gut nutzen, um sich die eigenen Überzeugungen bewusst zu machen. Taucht ein Gefühl auf, etwa Ärger, Furcht, Besorgnis, aber auch Freude und Glück, solltest du dich sofort fragen, warum es so ist, woher dieses Gefühl kommt. Du wirst unweigerlich auf den zugrundeliegenden Glaubenssatz stoßen.

Achte auch auf deine inneren Bilder, sie sind ebenfalls eng verknüpft mit den dazu gehörenden Glaubenssätzen. Hinterfragst du, warum du ein bestimmtes Bild im Bewusstsein hast, wirst du auf den entsprechenden Glaubenssatz stoßen.

Deine täglichen Gedanken liegen ebenfalls auf der gleichen Wellenlänge wie deine Glaubenssätze. Nimm deshalb deine Gedanken bewusst zur Kenntnis und hinterfrage, warum du genau diese oder jene Gedanken hast. Diese Frage führt dich zu dem Glaubenssatz, der mit diesen Gedanken gestärkt wird.

Sehr nützlich ist es auch zu hinterfragen, warum dir gerade dieses oder jenes unangenehme Ereignis widerfährt, bzw. widerfahren ist. Dieses Verfahren hat sich bei mir selbst als die nützlichste und effektivste Vorgehensweise herausgestellt, denn sie offenbart zugleich den Zusammenhang zwischen den eigenen Glaubenssätzen und den äußeren Lebenserfahrungen. Da dein äußeres Erleben nach der Regel *„Dir geschieht nach deinem Glauben"* verläuft, wirst du sehr schnell auf den entsprechenden Glaubenssatz in deinem Inneren stoßen.

Wer diese Arbeit ernsthaft angeht und sich nicht beirren lässt, wird früher oder später eine sehr interessante Entdeckung machen - nämlich die Bestätigung des Zusammenhangs von Gedanken, Glaubenssätzen, Gefühlen und persönlichen äußeren Erfahrungen.

Du wirst feststellen, dass es keine Zufälle gibt!

Durch die Auswahl deiner Glaubenssätze bestimmst du selbst, an welchen äußeren Ereignissen du teilnimmst. Das gilt für gute, wie auch für schlechte Erfahrungen gleichermaßen – immer getreu dem Motto:

Dir geschieht nach deinem Glauben.

Aber auch dein Gefühlsleben hängt von der Auswahl deiner Gedanken ab. Mache einmal den folgenden Versuch, er wird dir die Richtigkeit meiner Ausführungen bestätigen. Da gute äußere Erfahrungen mit einem bestimmten Glaubenssatz verbunden sind, wird er ebenso mit guten Gefühlen, wie Freude, Glück und Zufriedenheit gekoppelt sein. Diesen Zusammenhang kannst du auch nutzen, um dich selbst gedanklich sehr schnell aus Ärger, Frust und Unwohlsein wieder heraus zu bringen. Denke bewusst und konzentriert an ein gutes Ereignis, du wirst dich sehr bald wieder besser fühlen und zugleich stärkst du den ursächlichen guten Glaubenssatz. Zu diesem Zweck rufst du dir einfach das gute Erlebnis in Erinnerung und machst dir bewusst, wie schön es war, diese Erfahrung gemacht zu haben. Gebe dich diesem Erlebnis von damals ganz hin - es wird nicht lange dauern, dann stellen sich auch die angenehmen Gefühle wieder ein, die mit dieser glücklichen Erfahrung verbunden waren.

Lasse dich bei der Erforschung deiner Psyche nicht dazu verleiten, die Schuld für schlechte Erlebnisse bei den anderen Menschen zu suchen – auch dann nicht, wenn sie dir ganz unbestreitbar Unrecht angetan haben. Bleibe ganz bei dir selbst und deiner inneren Bestandsaufnahme. Frage dich in einem solchen Fall, warum gerade du diese schlechte Erfahrung gemacht hast und was es mit dir zu tun hatte, denn zu allen Erfahrungen gehören immer zwei Personen - vereinfacht ausgedrückt, einer der etwas macht und ein zweiter, der mit sich machen lässt. Mit diesen Fragen gelangst du schnell zu den entsprechenden Glaubenssätzen, die dich für diese Ereignisse empfänglich gemacht haben.

Scheue nicht davor zurück, diese Arbeit zu machen. Es gibt nichts, was du dabei fürchten müsstest. Erledige diese Aufgabe sorgfältig und gründlich, denn diese innere „Inventur" deiner Glaubenssätze dient dir später als Ausgangspunkt zum Start in ein besseres und erfülltes Leben. Je gründlicher du diese Bestandsaufnahme ausführst, umso klarer wird dir auch dieser schicksalsbestimmende Grundsatz werden:

Es gibt keine Zufälle! Dein Schicksal wird durch dein eigenes Denken bestimm*t!*

Mache dir klar, wie wichtig gute, gesundheitsfördernde, lebens- und erfolgsbejahende Glaubenssätze für dich sind. Sie bestimmen über dein Handeln. Deine täglichen Handlungen sind im Prinzip nur die Verlängerung deines Denkens. Die aus deinen Gedanken entstandenen Glaubenssätze steuern deine bewussten und unbewussten Entscheidungen, sowie deine Handlungen und Unterlassungen.

Das Prinzip *„Dir geschieht nach deinem Glauben“* finden wir in allen menschlichen Bereichen unserer materiellen Welt wieder. Jeder einzelne Mensch sieht und erlebt die Welt durch die Brille seiner individuellen Glaubenssätze. Niemand kann sich dem entziehen und niemand ist davon ausgenommen!

Die Auswirkungen der Glaubenssätze auf das Handeln

Ein Mensch, der destruktive Glaubenssätze akzeptiert hat, wird auch entsprechend destruktiv im täglichen Leben handeln. Und zwar unabhängig davon, ob er es bewusst will oder nicht. Solange jemand an destruktiven Glaubenssätzen festhält und diese durch seine täglichen Gedanken sogar noch fördert und stärkt, wird er Handlungsimpulse aus dem Unbewussten bekommen, die ihn veranlassen, auf der Basis dieser schlechten Glaubenssätze, entsprechende Handlungen in der Außenwelt zu vollziehen.

Diese Impulse aus dem Unbewussten können mitunter so stark sein, dass der davon Betroffene trotz Aufbietung aller bewussten Willenskräfte nicht dagegen ankommt und diesen Impulsen nachgeben muss, was natürlich destruktive Handlungen zur Folge hat. In einem solchen Konflikt zwischen „unbewussten Wollen" und „bewussten Nichtwollen" einer bestimmten Handlung siegt nahezu immer das Unbewusste. Es erweist sich regelmäßig als stärker. Das bedeutet aber nicht, dass man dem Unbewussten hilflos ausgeliefert ist. Die Lösung eines solchen Konfliktes liegt allerdings stets darin, das willentliche Bekämpfen des Ungewollten zu beenden, den verantwortlichen destruktiven Glaubenssatz ganz bewusst aufzugeben und durch einen neuen besseren zu ersetzen. Das ist der einzig mögliche Weg, solche inneren psychischen Konflikte für immer zu beenden.

Besonders deutlich wird dieser Zusammenhang bei Suchtkranken, wobei es keine Rolle spielt, von welchem Suchtmittel der Betroffene abhängig ist. Bei jeder Art von Sucht läuft stets der gleiche Mechanismus ob, egal ob Nikotin, Alkohol, Medikamente (gemeint ist hiermit der Missbrauch von Beruhigungs- oder Schlafmittel etc.), Drogen oder anderes dabei eine Rolle spielen. In der weiteren Ausführung spreche ich zwar explizit vom Alkohol, aber die Beschreibung gilt auch für alle anderen Suchtmittel.

Am Anfang einer Sucht steht fast immer die Suche nach Erleichterung oder Lustgewinn. Der Betroffene will z. B. eine als unangenehm empfundene Situation durch den Konsum des Suchtmittels erträglicher machen.

Um dieses zu verdeutlichen, greife ich auf den mir bekannten Fall eines früheren Bundeswehrsoldaten zurück, der seine Sucht inzwischen erfolgreich überwunden hat. Diese Person verpflichtete sich freiwillig für eine mehrjährige Dienstzeit in der Truppe. Allerdings zeigte sich für ihn schon bald, dass diese Entscheidung falsch war. Er stellte sehr schnell fest, dass er nicht zum Soldaten taugte. Die Hierarchie mit Befehl und Gehorsam passte nicht zu ihm. Er war das Selbstdenken und das Treffen eigener Entscheidungen gewohnt, was ihn häufig in Konflikt mit den Befehlen von Vorgesetzten brachte.

Es war ihm aber nicht möglich, den Dienst wieder zu quittieren. Ob er wollte oder nicht, er musste seinen eingegangenen Dienstvertrag zu 100% erfüllen. Damit war er jahrelang festgenagelt in einer Tätigkeit, die ihm absolut nicht behagte. Das erzeugte jede Menge Frust in ihm. Um sich diese Situation ein wenig erträglicher zu machen, begann er Alkohol zu trinken. Den Konsum begründete er mit einer Überzeugung, die viele seiner Kameraden bei der Bundeswehr ebenfalls teilten:

„Das ist nur im Suff auszuhalten."

Es ist anzumerken, dass dies natürlich ein akzeptierter Glaubenssatz über die persönliche Realität ist. Der bleibt solange gültig, bis er irgendwann einmal ganz bewusst wieder aufgegeben wird. Ein solcher Akt setzt aber voraus, dass man wenigstens in Ansätzen begriffen hat, welche wirkliche Bedeutung Gedanken und Glaubenssätze auf das eigene Handeln und das äußere Erleben haben. Von dieser Erkenntnis sind manche Menschen leider noch meilenweit entfernt.

Der Alkoholkonsum des Soldaten steigerte sich über die Jahre zunehmend. Es kam zum üblichen Kontrollverlust, zu alkoholbedingten Ausfällen und zu seinem „heimlichen inneren Eingeständnis", dass der Alkoholkonsum exzessiv und völlig unnormal geworden ist. So gesellten sich im Laufe der Zeit zum bereits vorhandenen Glaubenssatz „Das ist nur im Suff auszuhalten" immer weitere Glaubenssätze hinzu, die das Fehlverhalten dauerhaft verfestigten. Zum Beispiel solche:

„Ich kann nicht mehr ohne Alkohol leben"

„Das ganze Leben ist nur im Suff zu ertragen"

„Wenn ich mal angefangen habe zu trinken, kann ich nicht mehr aufhören"

„Ich brauche den Alkohol, um funktionieren zu können"

Aufgrund dieser Umstände kam er auch zu weiteren Überzeugungen, die sein Selbstwertgefühl und sein Selbstbewusstsein massiv untergruben. Da ihm mehr und mehr bewusst wurde, dass er trotz aller Anstrengungen, die Abhängigkeit zu vermeiden, dem Alkohol hilflos ausgeliefert war, stellten sich bei ihm zusätzlich abwertende Gedanken zu seiner Person ein, die er jedoch heimlich als völlig zutreffend für sich akzeptierte.

„Ich bin ein Versager. Ich tauge nichts. Ich bin wertlos."

„Ich bin ein Außenseiter, den niemand lieben kann."

Eine weitere Aufzählung schenke ich mir, ich möchte auch nur verdeutlichen, dass ein vorhandener Glaubenssatz weitere ähnlich lautende nach sich zieht. Dieses Bündel von akzeptierten Glaubenssätzen wird durch das tägliche Denken des Betroffenen verfestigt, indem die Gedanken unentwegt um alles kreisen, was mit der Sucht zusammenhängt. Das kann die Aussicht auf den nächsten Schluck Alkohol sein, aber auch das Grübeln über unangenehme Vorfälle und Entgleisungen, die vom übermäßigen Konsum herrühren. Durch das Grübeln bleiben auch die Bilder des Fehlverhaltens im Bewusstsein des Betroffenen lebendig. Dazu gesellen sich noch mächtige Gefühle, wie Hass, Scham, Reue und Minderwertigkeits- und Schuldgefühle, die dann mit den entsprechenden Gedanken einhergehen.

Nicht die Gene oder die Veranlagung, wie viele vermeintliche Experten glauben, sondern die Gesamtheit dieser Faktoren, also die Gedanken, Bilder und Gefühle, aber hierbei insbesondere die Konzentration auf das eigentlich Unerwünschte, bilden die tatsächliche Ursache einer Sucht.

Mache dir dieses bewusst! Gedanken sind wirkende Kräfte! Gedanken sind realitätsbildend! Ich kann es dir aus eigenem Erleben bestätigen:

„Gedanken werden zur Realität!“

Es sind die täglichen Gedanken, die das süchtige Verhalten aufrechterhalten, die den mit Vollgas laufenden Motor der Sucht mit ständigem Nachschub an Treibstoff versorgen. Die um das Unerwünschte und um das Suchtmittel kreisenden Gedanken stärken die entsprechenden destruktiven Glaubenssätze. Diese wiederum erzeugen die aus dem Unbewussten kommenden Handlungsimpulse und drängen auf Verwirklichung. Dagegen ist der bewusste Wille meistens machtlos. Das Unbewusste erweist sich vielfach als stärker.

Diesen übermächtigen Impuls nennen z. B. die Anonymen Alkoholiker „den Zwang trinken zu müssen". Er macht den Süchtigen hilflos und lässt ihn immer wieder zum Alkohol, zur Zigarette, zur Droge oder zum Medikament greifen – gegen den bewussten und erklärten Willen des Betroffenen.

Damit ist dennoch niemand seinem Unbewussten machtlos ausgeliefert, wie sogenannte Experten es häufig vermuten. Im Gegenteil, das im Unbewussten residierende „Innere Selbst" wird liebend gerne für den Betroffenen und zu seinen Gunsten aktiv, um zu helfen. Aber es muss zwingend der korrekte Weg eingehalten werden. Es muss der einzige Weg eingeschlagen werden, der wirklich funktioniert und zum Ziel führt.

Dieser einzige gangbare Weg, die Sucht schnell und dauerhaft zu überwinden, besteht darin, sich von allen mit der Sucht zusammenhängenden Glaubenssätzen zu befreien und stattdessen ganz bewusst gegenteilige Überzeugungen in der Psyche zu verankern. Dieser Vorgang bedeutet natürlich eine sehr drastische Veränderung des bisher praktizierten Denkens und erfordert zugleich die volle Konzentration auf das Gegenteil des bisherigen von der Sucht geprägten Lebens. Diese psychische Umstellung besteht im Wesentlichen darin, die innere und äußere Aufmerksamkeit völlig auf ein Weiterleben <u>ohne</u> das bisher benötigte Suchtmittel zu richten und alle Gedanken an irgendwelche mit der Sucht zusammenhängenden Dinge oder Ereignisse generell zu unterbinden.

Erschwert wird diese Aufgabe oft durch einen weiteren Umstand. Die meisten Suchtkranken haben im Verlauf ihrer „Suchtkarriere" riesige Berge an Schwierigkeiten angehäuft, die auf Lösungen warten. Viele von ihnen haben zudem Dinge gemacht, die sie im nüchternen Zustand zutiefst bereuen und die sich nun extrem seelisch belastend auswirken. Wieder andere sehen sich mit Problemen konfrontiert, die ihnen über den Kopf gewachsen sind. Bisher wurden solche unangenehmen Dinge vom Betroffenen gerne durch weiteren Drogen-, Medikamenten- oder Alkoholmissbrauch schön geredet und auf diese Weise erträglich gemacht – doch mit dem Absetzen des Suchtmittels bricht die ungeschminkte Realität durch. Der für Suchtkranke typische Selbstbetrug endet und die Schönfärberei der persönlichen Probleme verliert ihre Wirkung. Für manche Abhängige ist dieses eine Situation, an der sie so verzweifeln, dass sie lieber doch wieder zum Suchtmittel greifen würden, statt diese belastenden Umstände auszuhalten.

Diese unheilvolle Kombination aus Rauschmittelverzicht und der Konfrontation mit der ungeschminkten Betrachtung des bisherigen Lebens, samt all den vielen begangenen Fehlern und Versäumnissen, verlangt deshalb nach einer besonderen Strategie, um sicher gemeistert zu werden. Dieses gesamte Bündel an neuen Anforderungen kann nur durch ein einschneidendes Umdenken des Betroffenen überwunden werden. Das heißt konkret, der Suchtkranke muss lernen, völlig anders zu denken, als er es bisher praktiziert hat.

Ich möchte an dieser Stelle noch einmal betonen, dass Gedanken realitätsbildend sind. Irgendetwas zu denken hilft da nicht! Es ist für den Betroffenen deshalb im hohen Maße wichtig, sich ganz gezielt die <u>richtigen</u> Gedanken auszusuchen, die er von nun an denken will!

In vielen erfolgreichen Selbsthilfegruppen wird genau dieses praktiziert, auch wenn nicht in dieser Deutlichkeit verfahren wird, wie ich es hier detailliert beschreibe. Aber Mitglieder solcher Gruppen suchen sich gezielt aus dem großen Fundus der vorgetragenen Meinungen jene Gedanken und Glaubenssätze aus, die zu ihnen und ihrer Situation passen. Diese akzeptieren sie dann und machen sie für sich selbst zu Eigen.

Die neuen Gedanken müssen einigen wichtigen Anforderungen genügen. Zum einen müssen sie die Abstinenz vom Suchtmittel fördern und festigen, im Weiteren müssen sie „problemlösend" wirken und dann müssen sie noch in der Lage sein, dem desolaten Gefühlsleben des Betroffenen Stabilität, Harmonie und Ruhe zu verschaffen. Über Gedanken zur Überwindung von Problemen und der Herstellung eines seelischen Gleichgewichtes berichte ich ausführlich noch an anderer Stelle. Hier geht es vorerst nur um die Überwindung einer Sucht. Dafür sind die nachfolgenden Gedanken bestens geeignet.

„Ich ändere jetzt meine Glaubenssätze. Ich gebe alle Glaubenssätze auf, die schlecht für mich sind und ersetze sie durch gute und zielführende, die bei ihrer Verwirklichung genau das hervorbringen, was ich mir wünsche."

"Ich lebe jetzt völlig abstinent. So wie es für mich früher normal war Alkohol zu trinken, so ist es jetzt normal alkoholfrei zu leben."

„Mein Verlangen nach Alkohol ist jetzt völlig erloschen. Mein Wunsch, Alkohol trinken zu wollen, ist jetzt völlig erloschen."

„Ich brauche jetzt keinen Alkohol mehr, Alkohol ist für mich absolut entbehrlich."

„Ich verzichte gerne auf Alkohol, denn es gibt für mich keinen Grund Alkohol zu trinken, ich bin jetzt trocken und nüchtern."

„Ich mag keinen Alkohol mehr – egal als welches Getränk."

„Alkohol spielt für mich jetzt keine Rolle mehr, Alkohol ist mir völlig egal."

„Ich lebe sehr gut ohne Alkohol, ich habe die Kraft, das erste Glas stehen zu lassen."

„So ist das jetzt und alle gegenteiligen Gedanken gelten jetzt nicht mehr für mich."

„Ich weiß, dass sich diese neuen Gedanken verwirklichen und dass ich genau dieses jetzt als meine Realität erlebe."

Diese und ähnliche Glaubenssätze ermöglichen einen schnellen und erfolgreichen Ausstieg aus der Sucht. Konzentriert sich ein Betroffener auf diese Gedanken, gehört der „Zwang Alkohol trinken zu müssen" sehr schnell der Vergangenheit an. Die vorher beschriebenen Handlungsimpulse aus dem Unbewussten erlöschen und treten schon sehr bald überhaupt nicht mehr auf.

Es ist im Grunde genommen sehr einfach. Nur eine gravierende Veränderung der bis dato akzeptierten Glaubenssätze unterbindet die destruktiven Handlungsimpulse aus dem Unbewussten des Suchtkranken. Einen anderen Weg gibt es nicht.

Skeptikern, die meine Beschreibung für Unfug halten, möchte ich entgegen halten, dass in jeder Suchttherapie mit unzähligen Einzelgesprächen, Gesprächsrunden und Stuhlkreisen grundsätzlich dasselbe abläuft – nur im Schneckentempo über einen mitunter sehr langen Zeitraum. Auch am Ende einer solchen Therapie soll der Betroffene seine Ansichten,

Überzeugungen und Glaubenssätze geändert haben, um dauerhaft aus eigener Kraft abstinent weiterleben zu können. Allerdings wird ihm dort in aller Regel nicht vermittelt, welche wichtige Bedeutung seinen täglichen Gedanken und die Konzentration auf das Gegenteil von z. B. „saufen" zukommt. Er wird auch nicht darüber informiert, dass lediglich untaugliche Glaubenssätze die Ursache seiner Sucht sind. Das liegt vor allem daran, weil die vermeintlichen „Experten" in vielen Suchthilfeeinrichtungen es selbst nicht wissen.

Auf diese beschriebene Weise entstehen die starken Impulse, die das entsprechende Handeln nach sich ziehen. Natürlich gibt es auch ebenso starke Handlungsimpulse, die zum Guten, zur Erfüllung der Wünsche führen. Darauf gehe ich später genauer ein. Ich möchte an dieser Stelle nur schon einmal darauf hinweisen, dass man sich diesen „Wirkmechanismus" auch zum eigenen Wohl zu Nutze machen kann. Wenn du deine Glaubenssätze entsprechend ins Positive ausgerichtet hast, wirst du auch deinem Glück nicht mehr entkommen können.

Der menschliche Körper, Glaubenssätze und Erwartungen

Das Leben ist Bewusstsein und dieses Bewusstsein erschafft sich selbst die Voraussetzungen, um auch in einer materiellen Welt Lebenserfahrungen machen zu können. Die persönlichste Schöpfung eines jeden Menschen ist zu diesem Zweck sein eigener menschlicher Körper. Er wird vom „Inneren Selbst" in detaillierter Kenntnis aller Zellen erschaffen. Das „Innere Selbst" steuert alle vegetativen Vorgänge, die sich dem Einfluss des bewussten Willens entziehen, wie z. B. Atmung, Herzschlag, Verdauung etc., wozu das Wachbewusstsein, bzw. das Ego des Menschen überhaupt nicht fähig wäre.

Der menschliche Körper ist keineswegs so konstant, wie es auf den ersten Blick den Anschein hat. Tatsächlich unterliegt unser Organismus in jedem Moment seiner Existenz mehr oder weniger schnellen molekularen Veränderungen. Das betrifft sowohl die Stoffwechselvorgänge wie auch sämtliche Zellen, Gewebe und Organe. Der Körper eines erwachsenen Menschen besteht aus rund 100 Billionen Zellen, sie sind die wesentlichen Bausteine. Aus diesen Zellen sind alle Gewebe und Organe aufgebaut. Ohne intakte Zellen würde im Körper nichts funktionieren.

In jeder Sekunde unseres Daseins läuft in unserem Körper ein millionenfacher Vorgang von Tod und Wiedergeburt ab, ohne dass es uns überhaupt gewahr wird. Pro Sekunde baut der menschliche Körper rund 50 Millionen Körperzellen ab und ersetzt sie durch neue Zellen – wie gesagt pro Sekunde! Im Erwachsenenalter werden somit täglich etwa zehn Milliarden verbrauchte, funktionsunfähige oder beschädigte Zellen beiseite geschafft und erneuert. Dieses Geschehen beeinträchtigt jedoch unsere körperliche Integrität und unsere Selbstgewissheit in keiner Weise. Das ständige Sterben und Wiedergeborenwerden in unserem Körper entzieht sich völlig unserer Wahrnehmung.

Natürlich gibt es aufgrund der unterschiedlichen Beanspruchungen und Aufgaben für die Zellen auch verschieden lange Lebens- und Erneuerungszeiten. So erneuern sich die Epithelzellen des Dünndarms alle 1-2 Tage, die Zellen der Lungenbläschen etwa alle 8 Tage, die roten Blutkörperchen etwa alle 120 Tage, das Drüsenepithel der Leber rund alle 222 Tage. Die Zellen des Knochenskeletts sind nach 10-15 Jahren einmal komplett ausgewechselt.

Man kann deshalb zu Recht davon ausgehen, dass der Körper eines Menschen nicht mehr mit dem identisch ist, den er vor rund 10-15 Jahren hatte. Denkt man diesen Fakt konsequent zu Ende, stellt sich die berechtigte Frage, warum sollte der Körper unter diesen Umständen Schadstoffe ansammeln und behalten, die er vielleicht vor 20 Jahren durch z. B. Zigarettenkonsum aufgenommen hat? In diesem Zeitraum von 20 Jahren ist der gesamte Körper komplett ausgewechselt worden, nur die früher einmal aufgenommenen Schadstoffe durch das Rauchen sollen dann immer noch vorhanden sein?

Faktisch wird der Körper in jeder Sekunde neu erschaffen. Das „Innere Selbst" hat zwar eine ideale „Blaupause" vom menschlichen Körper, aber es berücksichtigt auch stets die akzeptierten Glaubenssätze des Individuums. Wer also der Überzeugung ist, dass ihm die lange zurückliegende Aufnahme eventueller Schadstoffe z. B. vom Rauchen heute noch schaden kann, der tut sich selbst keinen Gefallen, denn wie ich an anderen Stellen bereits mehrfach hervorgehoben habe:

„Dir geschieht nach deinem Glauben!"

Klüger ist es deshalb, auf sogenannte wissenschaftliche Erkenntnisse zu pfeifen und zum Beispiel dieses zu glauben:

„Mit jedem Urinieren verlassen sämtliche Schadstoffe meinen Körper wieder, dafür sorgt mein Inneres Selbst."

Es ist für jeden Menschen außerordentlich wichtig, sorgfältig zu prüfen, welche Auswirkungen die akzeptierten Glaubenssätze haben können, wenn sie sich verwirklichen. Dies gilt auch und im Besonderen für Glaubenssätze aus dem Bereich der Medizin, denn die sind nicht immer nur gesundheitsfördernd!

Welche wichtige Rolle Glaubenssätze und die Erwartungshaltung bei erwünschten Veränderungen spielt, kann man sehr gut in der Medizin im Zusammenhang mit dem sogenannten Placeboeffekt beobachten. Der Turiner Schmerz- und Placeboforscher Fabrizio Benedetti erbrachte mit seinen umfangreichen Experimenten den wissenschaftlichen Beweis, dass der Glaube und die daran geknüpfte Erwartung des Patienten maßgeblich darüber entscheidet, ob eine angewendete Therapie oder eine verabreichte Medizin wirkt oder nicht [7]. Wurde Menschen mit starken Schmerzen eine wirkungslose Kochsalzlösung mit dem Hinweis injiziert, sie bekämen jetzt ein neuartiges äußerst wirkungsvolles Medikament, verschwanden die Schmerzen in fast allen Fällen binnen kurzer Zeit.

Benedettis Experimente bewiesen aber auch dieses: Ohne den Glauben an die Wirksamkeit und ohne die entsprechende Erwartungshaltung des Patienten gibt es keinen Placeboeffekt. Nur wenn der Patient eine Veränderung erwartet, tritt sie auch ein. Letzteres ist natürlich fast immer der Fall, wenn der behandelnde Arzt einem Kranken glaubwürdig versichert, es käme nun ein hochwirksames Medikament zum Einsatz.

Weitere wissenschaftliche Studien erbrachten die verblüffende Erkenntnis, dass der Placeboeffekt zwischen 20% bis 80% Anteil an der Wirkung von praktisch jedem Medikament hat. Placebos wirken somit bei nahezu jedem Menschen, sofern der Betroffene glaubt und erwartet, dass ihm diese Medizin hilft. Da der Placeboeffekt nachweislich sogar bei schwersten Krankheiten wie z. B. Parkinson hilft, liegt es auf der Hand, dass das „Innere Selbst" des Kranken praktisch jede Heilung bewirken kann. Es kommt nur auf die Änderung des „Glaubens" und auf die veränderte Erwartungshaltung in der Psyche des Betroffenen an.

Was bewusst eingesetzte Placebos leisten können, beweist auch der nachfolgende Bericht aus der medizinischen Praxis [8]. Es ist ein typischer Fall von Selbstheilung durch das „Innere Selbst", der als solcher aber nicht erkannt wird, weil das spirituelle Hintergrundwissen nicht bekannt ist, bzw. nicht zur Kenntnis genommen oder vernachlässigt wird.

Eine Patientin litt seit vielen Jahren unter starken Rückenschmerzen im Bereich der Lendenwirbelsäule. Auf die üblichen Schmerzmittel reagierte sie mit schweren Magenbeschwerden. Auch Krankengymnastik führte zu keiner Linderung der Gesundheitsprobleme. Schließlich griff ihr behandelnder Arzt bewusst zu einem Trick. Enthusiastisch berichtete er von einem neuen Medikament aus Amerika, welches er soeben bekommen hätte. Diese Medizin wäre äußerst wirkungsvoll und völlig ohne Nebenwirkungen. Die Patientin erklärte sich mit der Verabreichung einverstanden. Darauf injizierte ihr der Arzt eine kleine Menge wirkungsloser Kochsalzlösung an die Stelle, wo sie den stärksten Schmerz verspürte. Oh Wunder! Schon kurze Zeit später waren ihre Schmerzen verschwunden. Die Patientin wurde zum ersten Mal seit Monaten schmerzfrei.

Selbstverständlich war die Patientin keine Simulantin, ihre Schmerzen waren echt. Das Medikament jedoch, welches ihr half, war nur ein Scheinpräparat. So wie bei ihr, so wirken Placebos auch bei Millionen von anderen Patienten weltweit. Ärzte und Pflegepersonal setzen Placebos häufig dann ein, wenn kein anderes Mittel mehr hilft. In all diesen Fällen helfen allein der Glaube und die veränderte Erwartungshaltung. Der Patient erwartet eine Besserung, bzw. die völlige Heilung, die dann auch prompt eintritt. Getreu der alten ärztlichen Devise:

Medicus curat, natura sanat - der Arzt behandelt, die Natur heilt.

Diese positive Erwartungshaltung gegenüber einer Behandlung wird von vielen Placeboforschern als die wichtigste Voraussetzung für das Auftreten eines Placeboeffektes betrachtet. Der Glaube und die Erwartungshaltung gegenüber der Wirksamkeit einer medizinischen Behandlung hängen von vielen Faktoren ab. Dazu gehören individuell grundsätzliche Einstellungen zu bestimmten Behandlungsmethoden oder Therapeuten, generelle Meinungen über die Wirksamkeit und Unwirksamkeit von Behandlungsmethoden oder über die Heilbarkeit einer Krankheit. Die Auffassung, dass eine Krankheit unheilbar wäre, verhindert natürlich einen nachhaltigen Placeboeffekt. Zu den weiteren Faktoren, die den Glauben und die Erwartungshaltung beeinflussen, gehören auch das Verhalten, der berufliche Status oder der gute Ruf des Behandlers. Ein Arzt, der sich für den Patienten Zeit nimmt, empathisch auf den Patienten eingeht und sich von seiner Behandlung überzeugt zeigt, stärkt den Glauben und die Erwartungshaltung des Patienten.

Des Weiteren haben Behandlungsmodalitäten Einfluss auf den Glauben und die Erwartungshaltung. Invasive Maßnahmen wie Injektionen oder operative Eingriffe wecken eine größere Erwartungshaltung als die orale Verabreichung von Medikamenten, beziehungsweise Placebos. Experimentell konnte 2008 nachgewiesen werden, dass schon der angegebene

Preis eines Scheinpräparates die Placebowirkung beeinflusste. Ein hoher Preis bewirkte dabei einen stärkeren Placeboeffekt als ein geringerer Preis. Erwiesen ist auch, dass Farbe, Größe und Form oral eingenommener Präparate einen Einfluss haben können.

Nicht nur Medikamente, auch Operationen weisen einen Placeboeffekt auf. In einem Experiment in Houston in Texas wurden 120 Patienten mit Knie-Arthrose operiert, 60 erhielten nur oberflächliche Schnitte auf der Haut. Nach zwei Jahren waren 90 Prozent der Patienten beider Gruppen mit der Operation zufrieden. Einziger Unterschied war, dass überraschenderweise die Nicht-Operierten weniger Schmerzen verspürten als ihre Kontrollgruppe.

Ein ähnliches Experiment wurde auch in einer niederländischen Klinik durchgeführt. Bei 200 Patienten wurde eine Bauchspiegelung durchgeführt, per Los wurde dann entschieden, ob die Operation durchgeführt wird oder nicht. Danach wurden die Patienten ein Jahr lang beobachtet, beide Gruppen unterschieden sich kaum.

Es wäre äußerst interessant, auch die Gedankenwelt der Patienten vor und nach den Behandlungen zu erfassen und zu dokumentieren. Ich wage zu behaupten, dass es bezüglich der Beschwerden einen großen Unterschied in den Gedanken vor und nach den Eingriffen gibt. Sie dürften sich in etwa so verändert haben:

Vorher: *"Ich habe Schmerzen, ich bin krank, irgendetwas stimmt nicht!"*

Nachher: *"Jetzt bin ich wieder gesund, ich habe keine Schmerzen mehr!"*

Bei den tatsächlich Operierten könnte man noch locker darüber hinweg sehen. Ein Zusammenhang zwischen der Erwartungshaltung, sowie den geänderten Glaubenssätzen und der anschließenden Heilung ließe sich leicht bestreiten. Das trifft aber nicht auf jene Gruppe zu, die nur scheinbar operiert wurde. Hier gab es keinen heilenden Eingriff durch den Chirurgen. Hier gab es nur die veränderte Erwartungshaltung und eine veränderte Gedankenwelt. Trotzdem kam es zur Heilung, wobei noch anzumerken ist, dass die Nicht-Operierten wegen der Knie-Arthrose sogar noch weniger Schmerzen verspürten, als jene, an denen der chirurgische Eingriff tatsächlich vollzogen wurde. Völlig sachlich betrachtet, handelt es sich um denselben Vorgang wie das Beispiel mit der blutenden Frau aus der Bibel, welches ich ausführlich beschrieben habe.

Natürlich kenne ich den Placeboeffekt auch aus eigenem Erleben. Eine Freundin von mir hatte ihrem Schulkind, wenn es nicht einschlafen konnte, eine Zuckerpille mit den Worten „Das ist eine Schlaftablette, von der du ganz müde wirst" verabreicht. Die Wirkung ließ nie lange auf sich warten. Das Kind wurde binnen kurzer Zeit sehr müde und schlief ein. Gewirkt hat immer nur der Glaube des Kindes, sonst nichts, denn es war nie ein Wirkstoff im Spiel. Die Mutter hatte lediglich den ihr bekannten Placebo-Effekt gezielt eingesetzt.

Leider hat es die wissenschaftlich orientierte Medizin bis heute versäumt, den Zusammenhang zwischen Medizin und der wahren Spiritualität, die Jesus einst lehrte, herzustellen. Viele bis dato unerklärliche Vorgänge wären dann völlig einsichtig und einleuchtend. Allerdings müssten die Mediziner dann auch von dem weit verbreiteten Irrtum Abstand nehmen, dass die Materie das Leben samt Bewusstsein hervorgebracht hat. Sie müssten akzeptieren, dass es genau umgekehrt ist. Das lebendige unsterbliche Bewusstsein, welches aus reiner Energie besteht, ist der Schöpfer der Materie. Ohne diese unauslöschliche Energie des Bewusstseins würde es auch keine Materie geben.

Nun sind Mediziner leider nicht gewohnt, dort zu forschen, wo es sich tatsächlich lohnt – in sich selbst! Es liegt nun einmal in der Natur der Sache, dass das „Innere Selbst" nur im eigenen Inneren eines Wissenschaftlers erforscht werden kann. Damit haben die aus der eigenen Psyche erlangten Forschungsergebnisse, trotz ihres hohen persönlichen Nutzwertes, bedauerlicherweise auch den schwerwiegenden Nachteil, dass sie nicht objektiv sind, und somit nicht den wissenschaftlichen Anforderungen und Standards genügen können.

Heilverfahren die lediglich auf die Wirkung von Placebos setzen, um die Erwartungshaltung des Kranken zu verändern, damit die Heilung von innen heraus geschehen kann, sind so alt wie die Menschheitsgeschichte. In früheren Zeiten dienten vor allem magische Rituale von Medizinmännern dem Zweck, die Erwartungshaltung des Kranken auf Gesundung zu fokussieren. Je pompöser diese Rituale waren, umso beeindruckter war der Kranke. Was natürlich dazu führte, dass der Glaube an die Heilung und die Erwartung der Genesung durch keinen Zweifel mehr getrübt wurde und die Gesundheit vom „Inneren Selbst" wieder hergestellt werden konnte.

Wie wir daran sehen können, ist ein wirklich guter Arzt vor allem ein „Glaubenssatzwandler", also ein Mediziner, der es versteht, die Erwartung des Patienten auf Gesundung auszurichten. Mediziner, die hingegen davon reden „Man darf Patienten keine falschen Hoffnungen machen" haben leider nichts von der natürlichen, dem Menschen innewohnende Heilkraft begriffen. Am besten macht man einen weiten Bogen um solche „Experten". Sie verstehen nicht, wie wichtig Hoffnung und Heilungserwartung für die Genesung eines Kranken tatsächlich sind. Große Hilfe kann man von ihnen deshalb nicht erwarten.

Ein besonders begabter Glaubenssatzwandler war der deutsche Arzt Franz Anton Mesmer (1734 - 1815), der als „Magier vom Bodensee" bekannt wurde. Er war ein äußerst charismatischer Heiler, der sich vorzugsweise mit einer Aura des Übernatürlichen umgab. Mit seinem besonderen Auftreten in einem langen mit goldenen Spitzen verzierten Seidengewand und einem durchdringenden Blick zog er die Kranken in den Bann. Er behauptete, zur Heilung von jeglichen Beschwerden wäre es nur nötig, das natürliche magnetische Feld des Kranken wieder in Ordnung zu bringen. Während einer Behandlung trat er wie ein Zauberer auf. Er bestrich seine Patienten mit Magneten, um den heilenden Magnetismus zu beschwören und Störungen des menschlichen Magnetfeldes zu beseitigen.

Von der Wirksamkeit dieser Heilmethode, die er als Lehre vom „animalischen Magnetismus" bezeichnete, war Mesmer vollends überzeugt. Bereits in seiner Dissertation hatte er die Theorie vertreten, dass das menschliche Nervensystem durch die widerstreitenden Anziehungskräfte der Planeten gestört wird. Daraus entwickelte er später seine Magnetismus-Therapie, die jedoch von Beginn an heftig umstritten war und Mesmer neben vielen Anhängern auch eine große Anzahl von Gegnern einbrachte.

Mesmer heiratete 1768 die reiche Witwe Maria Anna von Posch. Sie finanzierte ihm eine Arztpraxis, führte ihn in die feine Wiener Gesellschaft ein und machte ihn mit vielen Künstlern bekannt, darunter auch die Familie Mozart. Wegen seiner spektakulären Behandlungsmethoden und seiner Zugehörigkeit zu den besseren Wiener Kreisen wurde Mesmer so etwas wie ein Promi- und Modearzt. Mit seiner Heilmethode erzielte er ganz erstaunliche Erfolge, die ihm schnell den Ruf eines erfolgreichen Therapeuten einbrachten, was die Kritik aus den Reihen der etablierten Ärzteschaft, die in ihm einen Betrüger sahen, vorübergehend verstummen ließ, gemäß des Satzes von Hippokrates: „Wer heilt hat recht!"

Ganz zweifellos hatte Mesmer ein starkes Charisma, er konnte seine Patienten massiv suggestiv beeinflussen. Darin war er ein wahrer Meister. Außerdem war er zutiefst von seiner eigenen Genialität überzeugt. Nach heutiger Kenntnis erklären sich seine Heilerfolge daher sehr einfach, sie beruhen allein auf Suggestion und Autosuggestion, denn einen wissenschaftlichen Nachweis für seinen „Heilmagnetismus" gibt es bis heute nicht. Förderlich für die Heilerfolge war die Tatsache, dass sowohl Mesmer selbst, wie auch seine Patienten unerschütterlich an den Erfolg glaubten.

Bereits eine im Jahr 1777 in Wien auf Anordnung der Kaiserin Maria Theresia einberufene Untersuchungskommission kam zu dem Ergebnis, dass die Magnetismus-Therapie nur Betrug ist und Mesmers Heilerfolge lediglich auf einer Art von Suggestionstherapie basierten. Warum dieser außergewöhnlich erfolgreiche Ansatz von Heilungen mittels Suggestion von der Wiener Medizinischen Fakultät nicht weiter verfolgt wurde, dürfte wohl an Eitelkeiten und am Streben nach Geld, Macht und Einfluss der Wiener Ärzteschaft gelegen haben.

Mesmer selbst ist nie zu der Erkenntnis gelangt, dass er ein Meister darin war, die Selbstheilungskräfte seiner Patienten zu aktivieren. Er blieb zeitlebens von der Wirksamkeit seiner Magnetismus-Therapie überzeugt.

Klugen Medizinern dämmert inzwischen, dass gutgemeinte Hinweise auf Zigarettenschachteln, wie z. B. „Rauchen ist tödlich!" tödlicher sein können, als das Rauchen selbst. Denn solche Sätze wirken wie „negative" Placebos, in Fachkreisen als Noceboeffekt bekannt. Nocebos (aus dem Lateinischen für „ich werde schaden") haben die Qualität einer sich selbsterfüllenden Prophezeiung. Sie wirken in der Psyche des Rauchers als sorgenvolle Glaubenssätze und erzeugen häufig genau das, wovor der Betroffene sich fürchtet.

Sobald ein Mensch zu der Überzeugung gelangt, dass ein Medikament, eine Behandlung, oder irgendeine andere Sache sich schädlich auf die eigene Gesundheit auswirken wird, kommt der überaus mächtige Noceboeffekt zum Tragen. Er kann Menschen nicht nur krank machen, sondern auch töten. Dieses geschieht zum Beispiel beim Voodoo-Fluch, den ein Medizinmann über sein Opfer verhängt. Glaubt das Opfer an die Wirkung des Fluches, wird es daran sterben. Dasselbe geschieht aber auch bei uns im aufgeklärten Westen. Glaubt jemand an die schädigenden Auswirkungen von Handys und Funkmasten, wird es irgendwann auch zu gesundheitlichen Beeinträchtigungen kommen, getreu dem spirituellen Grundsatz, der für uns alle gleichermaßen gilt:

Dir geschieht nach deinem Glauben!

Wer sich selbst einen großen Gefallen tun will, der sollte jederzeit ohne „Wenn und Aber" fest an seine unerschütterliche psychische und physische Gesundheit glauben und auch den Mut besitzen, sich über manche von vermeintlichen Experten verbreiteten, destruktiven Meinungen hinwegzusetzen.

Selbstheilung durch Autosuggestion und Vorstellungskraft

Der gesamte Medizinbetrieb gründet sich auf der falschen Annahme, dass die Materie im Verlauf von Jahrmillionen den Geist, bzw. das Bewusstsein hervorgebracht hat. Entsprechend dieser Betrachtung werden die kognitiven Fähigkeiten des Menschen allein dem materiellen Zellverbund des Gehirns zugerechnet. Auch die Gefühle eines Menschen, sowie seine Fähigkeit zur bildlichen Vorstellung sind nach dieser Anschauung nichts weiter als bestaunenswerte Eigenschaften dieses Zellklumpens in den Köpfen der Menschen.

Die logische Fortsetzung dieses ersten großen Fehlers besteht darin, den geistigen Fähigkeiten des Individuums im Fall einer körperlichen Erkrankung keine weitere Bedeutung beizumessen. Daraus folgte dann im nächsten Schritt, auch bei der Therapie und Behandlung von Erkrankten, eine klare Trennung zwischen der menschlichen Psyche und den gesundheitlichen Beschwerden des Körpers herzustellen. Die Psyche spielt deshalb in der alltäglichen medizinischen Praxis so gut wie keine Rolle bei der Heilung von Gesundheitsbeschwerden. Die Arbeit der Mediziner konzentriert sich aus diesem Grund ausschließlich auf den defekten Körper, etwa so seelenlos, wie ein Mechaniker das Auto repariert.

Im Großen und Ganzen handelt es sich hierbei um eine fatale Fehlentwicklung, der gleichermaßen medizinische Experten, wie auch Patienten zum Opfer fallen. Denn, wie bereits mehrfach betont, ist es genau umgekehrt, das Bewusstsein erschafft die Materie und das im Unbewussten residierende „Innere Selbst" erschafft den menschlichen Körper. Es ist einem erkrankten Menschen deshalb möglich, sich selbst zu heilen. Und zwar durch eine Veränderung der Gedanken und Glaubenssätze, sowie durch den gezielten Einsatz der eigenen Vorstellungskraft. Dies gilt auch für schwerste Erkrankungen. Die Kraft zur Heilung steckt in jedem Menschen selbst – auch in dir!

Damit behaupte ich nicht, dass es ein einfacher Weg ist, ich behaupte nur, dass es jedem Menschen offen steht, sich selbst zu heilen. Es ist in fast allen Fällen machbar. Aber es ist bisweilen auch ein schwerer Weg, denn manchmal, besonders bei schweren chronischen Erkrankungen, ist es nötig, sich von einer Marionette zum Selbstdenker zu wandeln. Vor allem ist es unerlässlich, die absolute Kontrolle über die eigenen Gedanken und Glaubenssätze zu gewinnen. Ebenso unverzichtbar ist es, sich einen konstruktiven Umgang mit der eigenen Vorstellungskraft anzueignen, denn es ist zwingend erforderlich, die inneren Bilder in den Dienst des Erwünschten zu stellen. Für manche bedeutet es, das gezielte Lenken der eigenen Vorstellungen neu zu erlernen. Es ist zwar eine Fähigkeit, die wir als Kinder alle ganz gut beherrscht haben, als Erwachsene aber oft wieder vernachlässigten.

Die Vorstellungskraft ist ein äußerst machtvolles Instrument, du kannst sie sehr effektiv zum eigenen Vorteil für dich einsetzen, aber leider auch als schreckliche Waffe gegen dich selbst verwenden. Letzteres ist immer dann der Fall, wenn du an Bildern festhältst, die im Prinzip Negatives, Beschränkendes oder Schlechtes repräsentieren, so wie ich es am Beispiel von Suchtkranken aufgezeigt habe.

Ihre nutzbringende Wirkung kann die Vorstellungskraft im vollen Umfang für dich nur dann entfalten, wenn die inneren Bilder genau das wiedergeben und sichtbar machen, was du dir wünschst und was du als Ziel erreichen willst. Es ist sehr destruktiv, wenn du krank bist und zugleich Bildern dieser Krankheit in deiner Psyche Raum gibst. Das mag dir vielleicht sehr realistisch erscheinen, es ist aber ein gewichtiges Hindernis auf dem Weg zur Gesundheit. Willst du gesund werden und wieder dauerhaft gesund sein, so gelingt dir die Selbstheilung nur, wenn du dir, obwohl du krank bist, Bilder von strotzender Gesundheit in deiner Psyche verankerst. Simpel gesagt, du musst dich in deinen inneren Bildern als geheilt und gesund sehen, dann bewirkst du das Wunder! Auf diese Weise haben viele Menschen die erstaunlichsten Heilungen, auch von angeblich unheilbaren Tumorerkrankungen, für sich realisiert.

Selbstverständlich müssen diese positiven Bilder der Gesundheit mit entsprechenden Autosuggestionen identischen Inhalts untermauert werden. Sie könnten etwa so lauten:

„Ich ändere jetzt meine Glaubenssätze zum Thema Gesundheit. Ich erschaffe mir die Realität völliger Gesundheit. Mein Inneres Selbst heilt mich. Mein Inneres Selbst stellt jetzt meine völlige Gesundheit wieder her. Mein Körper verfügt über erstaunliche Selbstheilungskräfte. Mein Körper heilt sich selbst. Ich bin jetzt wieder kerngesund, alle Zellen und Organe erfüllen ihre gottgewollten Aufgaben in vorbildlichster Weise. Ich bin seelisch, geistig und körperlich völlig gesund. Das glaube ich jetzt und genauso geschieht es jetzt für mich.“

Du verleihst der Heilung gewaltigen Schub, wenn du dich in diese Gedanken und Bilder mit ganz intensiven Gefühlen der Freude und des Glücks hineinsteigerst. Je intensiver deine Gefühle dabei sind, umso schneller erfolgt die Verwirklichung. Beginne dann sofort damit, so zu tun und so zu leben als ob du bereits wieder gesund bist.

Es kann vorkommen, dass wohlmeinende Angehörige oder medizinisches Personal dich immer wieder daran „erinnern", dass du ja eigentlich krank bist, und dass du dich auch so verhalten solltest. Lass dich davon nicht irritieren. Die meisten von ihnen verstehen nichts von der Möglichkeit der Selbstheilung. Lausche in dich hinein und folge deiner Intuition. Erinnere dich immer an diesen Satz:

„*Alles ist dem möglich, der da glaubt!*"

Was mit Autosuggestion und Vorstellungskraft tatsächlich möglich ist, zeigt dieses Beispiel einer gelungenen Selbstheilung. Es ist die Leidensgeschichte von Marianne Müller (Name geändert), die sich von einer chronischen Paralyse der Beine selbst heilte. Ich habe persönlich mit ihr gesprochen. Hier ist der Bericht.

Marianne lebte zu jener Zeit in einer Stadt im Bundesland Nordrhein-Westfalen. Sie war mit einem Arzt verheiratet und führte ein ganz normales Leben, bis eines Tages Probleme mit ihren Beinen auftraten. Sie konnte nicht mehr richtig gehen, es fiel ihr immer schwerer ihre Beine zu bewegen. Die Gehmuskeln versagten ihren Dienst. Natürlich versuchte ihr Mann ihr zu helfen, aber all seine ärztlichen Bemühungen blieben erfolglos. Trotz intensiver Untersuchungen konnte weder von ihrem Mann, noch von anderen Medizinern eine Ursache für die fortschreitende Lähmung der Beine gefunden werden. Keine der angewendeten Therapien brachte Heilung oder wenigstens Linderung. Die Beschwerden wurden immer schlimmer.

Nach einer Weile konnte sich Marianne nur noch sehr langsam mit Krücken fortbewegen. Bald konnte sie keine Treppen mehr steigen und auch nicht mehr selbst Auto fahren. Die Bewegungsfähigkeit ihrer Beine ließ immer mehr nach, sodass die Benutzung eines Rollstuhls unumgänglich wurde. Inzwischen war bereits ein Jahr vergangen, ohne dass sich Mariannes Zustand irgendwie gebessert hätte. Natürlich hatte diese schwerwiegende Erkrankung auch Auswirkungen auf ihre psychische Verfassung. Sie litt sehr unter dieser Paralyse und bekam zusätzlich immer häufiger Anfälle von Hyperventilation. Bei dem Gedanken, nun für immer an einen Rollstuhl gefesselt zu sein, ohne Aussicht, sich jemals wieder frei und normal bewegen zu können, bekam sie furchtbare Panikattacken.

Obwohl sie alle möglichen Therapien mitgemacht hatte, konnte sie sich nach wie vor nicht mit ihren eigenen Beinen fortbewegen. Das hieß für sie, kein Tanzen und keine Spaziergänge mehr – nichts von dem, was für Gesunde Normalität ist, konnte sie noch allein und aus eigener Kraft bewältigen. Für Marianne war diese mögliche Zukunftsperspektive ein einzigartiger grausamer Alptraum, dem sie unbedingt entrinnen wollte. Verzweifelt suchte sie nach Heilung.

Es wurde ihr irgendwann klar, dass, wenn andere Menschen ihr nicht helfen konnten, sie es dann selbst tun musste. Sie musste sich selbst helfen. Die Frage war nur, wie? Was konnte sie tun? Nachdem der materialistisch orientierte Medizinbetrieb keine Hilfe anbieten konnte, wandte sie sich deshalb alternativen Möglichkeiten zu, um für sich eine Lösung zu finden. Sie kaufte sich zahlreiche Bücher und fand schon bald Literatur zum Thema „Der innere Arzt" und den damit verbundenen Möglichkeiten zur Selbstheilung. Sofort erkannte sie, dass dieses ihr Weg zur Heilung war.

Sie begann die dort beschriebenen Methoden der Autosuggestion und im Besonderen den zielführenden Einsatz der Vorstellungskraft für sich zu nutzen. Aber es war nicht einfach, verriet sie mir in dem Interview. Als größtes Hindernis auf dem Weg zum Erfolg erwies sich ihr panikerfülltes Gedankenkarussell, das unbedingt gestoppt werden musste. Zum anderen fehlte es ihr Anfangs an dem nötigen Vertrauen in die eigene innere Heilkraft. Aber es war dennoch der Beginn eines dornigen Weges, an dessen Ende dann ihre völlige Heilung als Belohnung all ihrer Mühen stand.

Aber nicht nur ihr „Inneres" musste verändert und geheilt werden, auch in der Außenwelt waren Korrekturen vonnöten. Dazu gehörte als wichtigste Entscheidung die Trennung von ihrem Ehemann. Er erwies sich als viel zu negativ, weshalb er nicht nur keine Hilfe war, sondern als aktiver Bremser ihres Selbstheilungsprozesses wirkte.

Trotz all dieser Schwierigkeiten ließ Marianne ließ sich nicht entmutigen. Schon sehr bald lernte sie, das „Angstprogramm" in ihrer Psyche zu stoppen und im nächsten Schritt gelang es ihr dann, die Angst völlig auszulöschen. Damit wurde der dringend benötigte Raum geschaffen für gute Gedanken über Gesundheit und Lebensfreude, auf die sie sich immer besser konzentrieren konnte. Im Laufe der Zeit lernte sie, ihre Vorstellungskraft immer gezielter für ihre Ziele einzusetzen. Schritt für Schritt überwand sie aus eigener innerer Kraft heraus die Lähmung und erlangte nach einigen Monaten die vollständige Beweglichkeit ihrer Beine zurück. Es war ein bewusster Akt der Selbstheilung, den sie allein mit Hilfe ihres „Inneren Heilers" an sich selbst vollzogen hatte.

Von der früheren Lähmung ist nichts mehr zurück geblieben. Marianne kann sich wieder genauso bewegen, wie jeder andere Mensch auch.

Geblieben ist aber das Wissen, dass jeder Kranke die Kraft zur Heilung in sich trägt. Man muss nur durch das richtige Denken die in jedem Menschen schlummernde Heilkraft aktivieren.

Auch die Bibel berichtet in Matthäus 9, 1-8 von der Heilung eines Gelähmten, die auf gleicher Basis ablief wie Mariannes Heilung.

„Sie brachten einen Gelähmten, der auf einem Bett lag, zu Jesus; und als Jesus ihren Glauben sah, sprach er zu dem Gelähmten: Sei guten Mutes, Kind, deine Sünden sind vergeben. Und siehe, einige von den Schriftgelehrten sprachen bei sich selbst: Dieser lästert. Und als Jesus ihre Gedanken sah, sprach er: Warum denkt ihr Arges in euren Herzen? Denn was ist leichter zu sagen: Deine Sünden sind vergeben, oder zu sagen: Steh auf und geh umher? Damit ihr aber wisst, dass der Sohn des Menschen Vollmacht hat, auf der Erde Sünden zu vergeben . . . Dann sagt er zu dem Gelähmten: Steh auf, nimm dein Bett auf, und geh in dein Haus! Und der stand auf und ging in sein Haus.“

Beachte in dieser Geschichte bitte dieses: Jesus sagte nicht „Ich mache dich gesund“, oder „Du bist jetzt wieder gesund“ oder ähnliches. Nein, er vergab dem Gelähmten nur seine Sünden. Mehr tat er nicht.

Nach alter jüdischer Tradition waren Krankheiten und Gebrechen ein sichtbarer Ausdruck von zuvor begangenen Sünden. Diese destruktiven Glaubenssätze führten sodann zu körperlichen Beschwerden, sobald ein Gläubiger eine Sünde begangen hatte. Heute würde man dieses wohl als eine psychosomatische Erkrankung betrachten. Jedenfalls wurde durch die von Jesus ausgesprochene Vergebung der Sünden, ein Vorgang, der vom

Kranken geglaubt werden muss, der krankmachende psychische Auslöser wieder aufgehoben. Was dann zur sofortigen Heilung führte.

Marianne musste diesen Weg noch alleine finden und gehen, andere müssen das nicht mehr. Es gibt heute eine große Anzahl von Fachleuten, die Menschen bei der Selbstheilung hilfreich unterstützen und ihnen beratend zur Seite stehen. Marianne ist eine davon. Auch sie stellt ihre Erfahrung als Coach gerne zur Verfügung.

Anfragen bitte über meine Emailadresse in den Schlussworten!

Wie du dir neue Glaubenssätze einsuggerierst

Nachdem du dir darüber klar geworden bist, dass deine untauglichen Glaubenssätze für das Misslingen von Plänen, für Mangel, Unglück, Krankheit und Fehlverhalten verantwortlich sind, beginnt nun die eigentliche Arbeit für dich – der Austausch schlechter Glaubenssätze durch neue zielführende. Hier kann dir die zuvor erstellte Liste über deine untauglichen Glaubenssätze sehr gute Dienste leisten. Sie zeigt dir, was du ändern musst, um schlechte Erfahrungen für die Zukunft zu minimieren, bzw. auszuschließen.

Beachte bei der Formulierung neuer Glaubenssätze immer diese wichtige Regel: Die neuen Glaubenssätze müssen positiv und zielführend sein! Eine Negierung, das heißt die Verneinung einer Sache oder Umstandes allein hilft dir nicht! Wenn du zum Beispiel das Rauchen aufgeben willst, dann nutzt es dir nicht im Geringsten, wenn du lediglich denkst, dass du nicht mehr rauchen willst. Dauerhaften Erfolg hast du nur, wenn du dich auf das Gegenteil von dem Verlangen nach Nikotin konzentrierst, indem du beispielsweise fortan so denkst:

„Ich ändere jetzt meine Einstellungen zum Rauchen. Ich glaube jetzt:"

„Ich bin jetzt Nichtraucher!"

„Mein Verlangen nach Zigaretten und Nikotin ist jetzt völlig erloschen."

„Ich mag nicht mehr rauchen. Es gibt keinen Grund zum Rauchen."

„Zigaretten und Nikotin sind für mich jetzt völlig entbehrlich."

„Rauchen ist mir egal und spielt für mich jetzt keine Rolle mehr."

„Ich verzichte gerne auf Zigaretten und Nikotin."

„Ich lebe sehr gut ohne Zigaretten und Nikotin."

„Ich fühle mich wohl ohne Zigaretten und Nikotin."

„Ich habe jetzt die Kraft, die erste Zigarette liegen zu lassen."

„Das glaube ich jetzt! So ist das jetzt für mich und alle gegenteiligen Gedanken gelten nicht mehr für mich, sie haben ihre Wirkung verloren!"

Den effektivsten Erfolg hast du, wenn du dich an dem im obigen Beispiel gezeigten Aufbau für deine eigenen Suggestionen orientierst. Egal, was immer du auch erreichen willst, beginne stets mit der klaren Botschaft an dein „Inneres Selbst", dass du jetzt deine Glaubenssätze in dieser oder jener Sache änderst. Erst danach fährst du fort mit dem, was du von nun an glauben willst. Zum Abschluss kommt dann immer dieser Satz:

„Das glaube ich jetzt. So ist das jetzt für mich und alle gegenteiligen Gedanken gelten nicht mehr für mich, sie haben ihre Gültigkeit und ihre Wirkung verloren!"

Damit vermeidest du von vorn herein innere Widersprüche und beschleunigst das Erlöschen der alten mit der Nikotinsucht zusammenhängenden Glaubenssätze, sodass sie keine Impulse mehr produzieren, die dich zum erneuten Griff zur Zigarette verleiten könnten.

Es gibt verschiedene erprobte Möglichkeiten, um sich die neuen Glaubenssätze selbst einzupflanzen. Eine gute Methode besteht darin, dir die neuen Glaubenssätze auf einen Zettel zu schreiben und dir die neuen Gedanken in einem Zustand der Ruhe selbst einzureden, bzw. einzusuggerieren. Dafür eignet sich nach meinen Erfahrungen eine Phase der Ruhezeit vor dem Einschlafen am besten. Entspanne dich und denke sehr konzentriert und intensiv diese neuen Gedanken. Setze dabei deine Fantasie ein und sieh dich selbst, wie du angebotene Zigaretten ablehnst oder ähnlich. Sei glücklich – freue dich darüber, dass du nicht mehr rauchen musst. Steigere dich in diese Vorstellung ganz tief hinein. Genieße es, frei von dieser Abhängigkeit zu sein. Wiederhole diesen Vorgang etwa 14 bis 21 Tage lang. Nach dieser Zeitspanne sind die neuen Glaubenssätze fest verinnerlicht. Handle nun danach. Sobald du von innen heraus den starken Impuls verspürst, das Rauchen zu unterlassen, gib diesem Impuls nach - auch wenn er schon früher kommen sollte. Denke stets daran, dass du jetzt die Kraft hast, die **erste** Zigarette abzulehnen, NEIN zu ihr zu sagen und sie liegen zu lassen. Konzentriere dich nur darauf, diese eine, eben die erste Zigarette, nicht mehr zu rauchen. Mehr musst du nicht tun!

Auch sonstige Zeiten der Muße, in denen du dich nicht unbedingt aufmerksam auf irgendwelche Tätigkeiten konzentrieren musst, wie zum Beispiel beim Sonnenbaden, bei Bahnfahrten usw., sind gut geeignet für das Einsuggerieren neuer Glaubenssätze. Setze zusätzlich immer deine Fantasie ein und sieh dich hocherfreut und glücklich am jeweiligen Ziel angekommen.

Am schnellsten und wirkungsvollsten war bei mir die Methode, sich selbst zur Vorbereitung zuerst einmal in den Zustand der vertieften Entspannung zu versetzen. Besonders geeignet ist für diesen Zweck die „progressive Muskelentspannung nach Jacobsen". Mit Hilfe dieser Entspannungsmethode gelangt man nach einiger Übung schnell und sicher in den Zustand der vertieften Entspannung. In diesem Zustand völliger innerer Ruhe ist das „Unbewusste" besonders empfänglich für deine neuen Suggestionen.

Die „progressive Muskelentspannung nach Jacobsen" ist einfach anzuwenden und sehr wirkungsvoll. Sie wurde 1936 vom amerikanischen Arzt Edmund Jacobsen nach zwanzigjähriger Forschung der Öffentlichkeit vorgestellt. Da sich die „progressive Muskelentspannung" als sehr effektiv herausstellte, wurde sie schnell als nützliche Behandlungsmethode anerkannt. Jacobsen hatte festgestellt, dass Spannung und Anstrengung immer mit einer Verkürzung der Muskelfasern einhergehen. In seinen Forschungen erkannte er dann die Entspannung als das genaue Gegenteil von Erregungszuständen. Im Weiteren fand er heraus, dass die Reduktion des Muskeltonus die Aktivität des Zentralen Nervensystems herabsetzt und

Entspannung sich auch gut als allgemeines Heilmittel eignet. Die Methode wird als „progressiv" bezeichnet, weil sie abschnittsweise - englisch: „progressive" - die verschiedenen Muskelgruppen anspricht. Im Jahr 1990 wurde sie auch in Deutschland eingeführt und verbreitete sich wegen ihrer großen Wirksamkeit sehr schnell.

Die „progressive Muskelentspannung nach Jacobsen" funktioniert am besten als geführte Entspannung. Dabei wird die Anleitung mit ruhiger Stimme von einem Coach gesprochen und ist meistens mit angenehmer Musik unterlegt. Durch kurzzeitiges Anspannen und bewusstes Loslassen der unterschiedlichen Muskeln im Körper kommt es zu einer wohltuenden Entspannung und zu einer tiefen inneren Ruhe. Die Übung dauert im Schnitt zwischen 20 – 30 Minuten.

Zahlreiche Krankenkassen, Krankenhäuser und Reha-Einrichtungen haben den Wert dieser Methode erkannt und bieten auf ihren Internetseiten entsprechende MP3-Anleitungen an. Diese können kostenlos heruntergeladen werden und sind für unsere Zwecke sehr gut geeignet. Sie können mit einem kleinen MP3-Player und Kopf- oder Ohrhörer abgespielt werden. Die Auswahl ist wirklich sehr groß. Besonders geeignet sind solche Anleitungen, die am Ende, bevor die Ausklingphase beginnt, eine längere wortlose Pause haben. Diese Pause, wo die Entspannung am tiefsten ist, ist wie geschaffen, um sie für Autosuggestionen der neuen Glaubenssätze nutzen. Ich habe auf diese Weise stets am schnellsten die erwünschten Ergebnisse erzielt.

Auch hier gilt, dass die Suggestionen etwa 14 - 21 Tage lang wiederholt werden sollten. Und je mehr sie von guten und starken Gefühlen wie Freude und Glück, sowie entsprechenden inneren Bildern begleitet werden, umso schneller und sicherer entsteht das Erwünschte!

Große Bedeutung hat zudem dein bewusstes tägliches Denken. Für dich heißt es, wenn du mit dem Rauchen konfrontiert wirst, oder den Wunsch verspürst, zur Zigarette zu greifen, dass du solche Gedanken und Impulse bewusst und konsequent ablehnst.

Tauchen in deinem Bewusstsein solche unerwünschten, negativen Gedanken auf, kannst du sie mit einem einfachen Trick für immer loswerden. Vor deinem geistigen Auge stellst du dir den betreffenden Gedanken als ausgeschriebenen Satz vor. Dann greifst du real mit der Hand zu, umschließt diesen imaginären Satz fest und wirfst ihn mit den Gedanken „den will ich nicht" dann mit entsprechender Handbewegung fort. Gedanken, die du für wünschenswert erachtest, umschließt du ebenfalls fest mit der Hand, ziehst sie aber mit dem Gedanken „den behalte ich" fest zu dir heran.

Alternativ kannst du dir in deiner Fantasie auch eine große Schultafel vorstellen, auf welcher der unerwünschte Satz geschrieben steht. Dann nimmst du ein Stück Kreide und streichst diesen Satz langsam und deutlich durch, oder wischst ihn mit dem Schwamm weg, wobei du denkst „der gilt nicht für mich", oder „den will ich nicht". Umgekehrt kannst du die Tafel auch nutzen, um einen erwünschten Gedanken in dir zu verankern. Dann schreibst du den erwünschten Glaubenssatz gut lesbar auf die Tafel als eine imaginäre Botschaft an dein „Inneres Selbst", ergänzt mit den Gedanken „das glaube ich jetzt, das gilt jetzt für mich".

Auf diese Weise verleihst du dem erwünschten Wandel deiner Gedanken und Glaubenssätze Nachdruck gegenüber deinem „Inneren Selbst" und erzielst eine bessere Wirkung.

Die Bedeutung von Erwartung und Zuversicht

Das Wissen um die Macht deiner Glaubenssätze alleine nutzt noch nichts, du musst diese Erkenntnisse auch richtig anwenden, um den gewünschten Erfolg für dich verbuchen zu können. Richtig kontraproduktiv verhältst du dich, wenn du deine Glaubenssätze zwar veränderst, aber zugleich Zweifel hegst, ob es überhaupt funktionieren wird. Wenn du die Erfüllung deiner Wünsche sabotieren willst, wären solche Zweifel der ideale Weg.

Tatsächlich hängt die Verwirklichung deines neuen Glaubenssatzes, bzw. die damit verbundene Erfüllung eines Wunsches im Wesentlichen nur von deiner Glaubensstärke, bzw. von deiner mentalen Stärke ab. Mit Zweifeln machst du vieles oder alles, was möglich wäre, von vornherein zunichte und stehst der Wunscherfüllung im Weg. Zweifel ist im hohen Maße zerstörerisch für den angestrebten Wandel. Du musst ihn zwingend unterbinden.

Der Zweifel hat viele Gesichter, die du bewusst kennen und vermeiden solltest. Zum einen kannst du grundsätzlich in Frage stellen, ob die Wandlung eines Glaubenssatzes bei dir überhaupt funktionieren wird. Zum anderen können auch widersprüchliche Glaubenssätze die materielle Verwirklichung verhindern. Deshalb ist es sehr wichtig, dass du alle deine Glaubenssätze kennst, sowohl die guten wie auch die schlechten, denn so kannst du hinderliche Widersprüche durch Aussortieren der schlechten Glaubenssätze vermeiden. Das wäre beispielsweise der Fall, wenn du einen Job möchtest, aber zugleich glaubst, dass du zu alt dafür bist, weil Arbeitgeber generell nur jüngeres Personal einstellen. Dann hast du dich schachmatt gesetzt und wartest vergebens. Das gleiche gilt, wenn du an die große Liebe glaubst, du aber zugleich der Überzeugung bist, es nicht wert zu sein, oder das Glück nicht verdient zu haben. Solche Widersprüche verhindern die Verwirklichung deines neuen Glaubenssatzes.

Aber die hinterhältigste Art des Zweifels ist die unmerkliche Fortsetzung des bisherigen Denkens. Das möchte ich dir an diesem Beispiel verdeutlichen. Nehmen wir an, du hast nicht genug Geld, um deine finanziellen Verpflichtungen zu erfüllen. Nun veränderst du deine Glaubenssätze dahingehend, dass sie dir Reichtum bringen sollen. Allerdings trudeln weiterhin Rechnungen und Mahnungen ein, die dich zu dem überaus „realistischen" Gedanken „ich kann das nicht zahlen" veranlassen und dann beginnst du zu fragen, wann nun endlich der erwünschte Reichtum kommt, weil du ihn dringend brauchst, er aber immer noch nicht da ist.

Damit begehst du gleich zwei Fehler, welche die Erfüllung deines Wunsches nach Reichtum verhindern. Zum einen nährst du die Gedanken des bisherigen Mangels und zum anderen widersprichst du damit deinem neuen Glaubenssatz, der den Reichtum bringen soll. Denn schließlich denkst du ja, dass der erhoffte Reichtum noch nicht da ist und auf sich warten lässt.

Du bekommst das, worauf du dich konzentrierst.

Mache es lieber gleich richtig! Das bedeutet für dich, dass du nun in Kategorien von Reichtum zu denken hast, auch wenn dein Konto zur Zeit noch rote Zahlen ausweist. Setze deine Fantasie ein und sieh dich, wie du alle Rechnungen bezahlen kannst. Steigere dich mit intensiven freudigen Gefühlen ganz in diese Vorstellung hinein. Genieße diese Bilder! Und akzeptiere den Gedanken, dass das viele erwünschte Geld bereits da ist. Es ist schon jetzt dein Geld und es ist auf dem Weg zu dir. Vertraue deinem „Inneren Selbst" und beginne damit, kleine oder kleinste Beträge zu zahlen. Tue so, als wärst du jetzt reich, fühle dich reich! Denke dabei:

„Ich bin jetzt reich! Von irgendwoher kommt das ganze Geld, irgendwie kann ich alle finanziellen Verpflichtungen erfüllen. Irgendwie kommt das Geld herein, auch wenn ich selbst nicht weiß, auf welche Weise es geschieht. Aber es geschieht!"

Falls du das für zu blödsinnig hältst, weil es deinem Realitätssinn widerspricht, dann möchte ich dich darauf aufmerksam machen, dass vor allem Jesus, der Begründer des Christentums, genau zu diesem Verhalten geraten hat. Er machte nicht nur mit seinen Worten wie „Alle Dinge sind dem möglich, der da glaubt" darauf aufmerksam, dass es kaum Grenzen bei der Wunscherfüllung gibt, sondern er hat uns auch gleich noch das „richtige Denken" zur Wunscherfüllung empfohlen und zwar mit diesen Worten:

„Alles, worum ihr betet und bittet - glaubt nur, dass ihr es schon erhalten habt, dann wird es euch zuteil. "

Damit sollst du akzeptieren und glauben, dass sich deine Bitte SOFORT erfüllt hat! Ohne WENN und ABER, im gleichen Augenblick, wo du zum Beispiel dieses Gebet an Gott gerichtet hast:

„Lieber Gott, ich bitte dich um das ganze viele Geld, das ich brauche, um alle meine finanziellen Verpflichtungen zu erfüllen!"

Dieser Wunsch wurde dir tatsächlich im selben Moment erfüllt, daran gibt es keinen Zweifel – aber es liegt noch Zeit dazwischen, bis es für dich materiell greifbar ist. Diese Zeit hast du zu überbrücken mit Gedanken, die der Erfüllung <u>nicht</u> zuwiderlaufen. Es ist deine Aufgabe, in freudiger Erwartung der materiellen Erfüllung deines Wunsches zu leben.

Schaust du dir diesen Vorgang genau an, dann wirst du feststellen, dass die Herausforderung vor allem darin besteht, das bisherige Denken an Geldmangel nachhaltig zu ändern, auch wenn deine gegenwärtige Situation dem noch Hohn zu sprechen scheint. Überlege deshalb einmal einen Moment lang, wie dein Denken aussehen würde, wenn du das viele erwünschte Geld bereits in deinen Händen hältst. Dann werden deine Gedanken beim Eingang von Rechnungen und Mahnungen etwa so aussehen:

„Ich bin jetzt reich und habe keine finanziellen Probleme mehr.“

„Ich kann meine finanziellen Verpflichtungen erfüllen.“

„Die Rechnungen und Mahnungen kann ich bezahlen.“

Das ist die logische Konsequenz, wenn du dem Rat von Jesus nachkommst und dich sofort nach dem Gebet so benimmst, als hättest du das ganze Geld schon. Du änderst deine Ansichten vollständig von Mangel zu Reichtum, von „geht nicht“ zu „es geht“, von „ich kann nicht“ zu „ich kann“. Genau das hat Jesus damit bezweckt! Das ist die ganze dahinter steckende Absicht!

Ich hoffe, dass ich hiermit deutlich machen konnte, dass auch eine Bitte, die in einem ernsthaften Gebet an Gott gerichtet wurde, ganz zwangsläufig zur Veränderung der hinderlichen Glaubenssätze in der eigenen Psyche führt, sofern man glaubt, dass die Bitte sich sofort erfüllt hat. Die Ursache für ein erfülltes Gebet ist deshalb immer das deutlich veränderte Denken im Bewusstsein des Wünschenden. Ebenso liegt die Ursache für die nicht erfolgte Wunscherfüllung nur in dir selbst, weil dir dein eigener Zweifel im Wege stand.

Nicht Gott entscheidet, ob sich deine Bitte erfüllt, sondern nur du selbst durch deine Glaubensstärke. Deine Bitte erfüllt sich allein nach dem Maß deines Vertrauens und deiner Zuversicht. Das ist das einzige gültige Kriterium für die Erfüllung eines Gebets. Darauf hatte auch Jesus hingewiesen.

„Wer bittet, soll aber voll Glauben bitten und nicht zweifeln, denn wer zweifelt, ist wie eine Welle, die vom Wind im Meer hin und her getrieben wird. Ein solcher Mensch bilde sich nicht ein, dass er vom Herrn etwas erhalten wird. Er ist wie ein Mann mit zwei Seelen, unbeständig auf all seinen Wegen."

Mit einem veränderten Glaubenssatz verhält es sich ähnlich wie der Kurswechsel eines langsamen vollbeladenen Tankers auf hoher See. Das Ruder wurde zwar sofort und erfolgreich umgelegt, aber bedingt durch die Trägheit des Schiffes dauert es noch eine Weile bis der neue Kurs erkennbar wird. Habe also Geduld und Vertrauen, der neue Glaubenssatz wird sich genauso sicher verwirklichen, wie es die alten getan haben.

Beginne deshalb in kleinen Schritten so zu handeln, als ob sich dein Wunsch bereits erfüllt hat. Lebe in der Erwartung, dass du bekommst, was du gewünscht hast. Das ist der beste Weg, um die Wunscherfüllung zu unterstützen.

Nützliche Strategien zum erfolgreichen Umdenken

Wenn du die Kontrolle über dein Schicksal und dein Leben haben willst, ist es erforderlich, dass du die Kontrolle über deine Gedanken und Glaubenssätze erlangst. Du musst dir bewusst werden, welchen Gedanken du im Laufe des Tages nachhängst. Lerne deshalb, deine Gedanken bewusst wahrzunehmen. Prüfe sie und gebe nur solchen Gedanken Raum, die zielführend sind, das heißt, stärke nur solche Gedanken und gebe dich nur solchen Gedanken hin, die das Gute hervorbringen, das du dir wünschst, wenn sie sich verwirklichen. Das erfordert für manche Menschen ein durchgreifendes Umdenken und es müssen eventuell einige Hürden genommen werden, um dieses Ziel zu erreichen.

Sobald du dich für eine Veränderung deiner Glaubenssätze entschieden hast, stehst du vor einer Herausforderung. Einerseits möchtest du deine gegenwärtige persönliche Situation so realistisch wie möglich wahrnehmen und bewerten, anderseits kennst du inzwischen die Macht deiner Gedanken und weißt, dass sie realitätsbildende Kräfte sind. Gerade zu Beginn einer gewollten Veränderung, wenn die gewünschten Ergebnisse noch nicht erkennbar sind, besteht die große Gefahr, in die alten Denkmuster zurückzufallen. Das musst du dringend unterbinden. Es gibt jedoch ein paar sehr nützliche Strategien, um diesen Fehler zu vermeiden.

Hier ist die erste. Natürlich wusste auch Jesus von diesen Schwierigkeiten, deshalb gab er seinen Anhängern einige sehr gute Empfehlungen, mit deren Hilfe sich Komplikationen erfolgreich verhindern lassen. Als erstes forderte er seine Gläubigen und alle Hilfesuchenden dazu auf, konsequent im HEUTE zu leben, das heißt mit den täglichen Gedanken in der Gegenwart zu bleiben, gedanklich nur im HIER und JETZT zu verweilen:

„Darum sorget nicht für Morgen, denn der morgige Tag wird für das Seine sorgen. Es ist genug, dass ein jeglicher Tag seine eigene Plage habe."

Dieser Tipp ist eine äußerst hilfreiche Strategie, um sorgenvolle Gedanken über die Zukunft zu vermeiden. Denn, egal was du zum Guten ändern willst, diese erwünschten Änderungen würdest du durch sorgenvolle Gedanken an die Zukunft wieder sabotieren. Wenn du die Empfehlung von Jesus ernst nimmst und umsetzt, reduzierst du sorgenvolle Gedanken über deine Zukunft schon einmal sehr deutlich.

Hast du einen großen Haufen Probleme, dann gehe in kleinen bis kleinsten Schritten vor. Erledige eines nach dem anderen – und immer das Wichtigste zuerst. Du musst nicht dein gesamtes Leben auf einmal verändern, es reicht völlig, wenn du immer nur HEUTE alles tust, was du zum Erreichen deiner Ziele und zur Lösung deiner Probleme tun kannst. Fange einfach mit dem an, was dir möglich ist. Der schöne Nebeneffekt ist der, dass du dann schon sehr bald auf erste kleine Erfolge zurückblicken kannst. Ziehst du abends eine erste Bilanz, kannst du, ohne das Gefühl zu haben, dich selbst zu belügen, beispielsweise dieses denken und glauben:

„Heute war ich so erfolgreich, wie ich es sein wollte."

„Heute musste ich nicht rauchen."

„Heute hatte ich die Kraft, das erste Glas Alkohol stehen zu lassen."

„Heute bin ich meinem Ziel wieder ein Stück näher gekommen."

usw …

Mit dieser neuen Art des Denkens suggerierst du dir zugleich weitere positive Glaubenssätze ein, die nachhaltig wirken – denn egal, welcher Wochentag auf dem Kalenderblatt steht: Eines stimmt immer, es ist immer HEUTE! Diese neuen, an das HEUTE gebundene, Glaubenssätze wirken deshalb an jedem einzelnen Tag der Woche, also immer!

Es gibt aber noch etwas genauso Wichtiges zu beachten: Vermeide auch das Nachdenken und Grübeln über schlechte Erfahrungen, die du in deiner Vergangenheit gemacht hast! Denn deine in der Gegenwart, im HEU-TE, im JETZT produzierten Gedanken über unangenehme oder traumatische Erlebnisse, sind ebenfalls Gedanken, die sich realisieren. Das darfst du nicht übersehen!

Auch diese Gedanken können deinem gewünschten zukünftigen Glück im Wege stehen, besonders dann, wenn sie sich um schlechte Erfahrungen drehen, die noch heute mit starken Gefühlen einhergehen. Wenn du im JETZT über solche negativen Erlebnisse der Vergangenheit nachdenkst, projizierst du deine schlechten Erfahrungen in die Zukunft und läufst Gefahr, sie noch einmal zu erleben, denn Gedanken sind wirkende Kräfte, sie haben realitätsbildende Eigenschaften. Das darfst du nicht vergessen!

Hier hilft die zweite Strategie. Vermeide es, über die schlechten Erfahrungen deiner Vergangenheit nachzudenken. Suche in der Vergangenheit stattdessen nach guten Erfahrungen und konzentriere dich auf sie. Denke ausschließlich an frühere Momente des Glücks, richte deine Aufmerksamkeit auf frühere Erfolge und mögen diese auch noch so klein gewesen sein.

Freue dich über sie. Konzentrierst du dich einzig und allein auf das Gute in deiner Vergangenheit, tust du dir selbst einen Gefallen, indem du damit das Entstehen neuer guter Erfahrungen in deiner Zukunft verstärkst und beschleunigst.

Den Mechanismus der ständigen Wiederholung einer schlechten Erfahrung möchte ich an einem mir bekannten Fall aus meiner Praxis erläutern. Eine junge und attraktive Frau geriet immer wieder an Männer, die alle anfänglich als sehr nett und liebenswert erschienen, sich dann aber später als gewalttätig entpuppten. Diese Erfahrungen machte sie mehrere Male hintereinander mit den verschiedensten Männern. Nach einer kleinen Zeit der Liebenswürdigkeit begannen die Männer sich an ihr zu vergreifen und sie zu schlagen, um ihren Willen durchzusetzen und sie zu unterdrücken.

In unseren Gesprächen stellte sich dann heraus, dass dieses für die junge Frau traumatische Erfahrungen waren, über die sie nicht hinweg kam und die sie den Männern auch nicht verzeihen wollte. Für sie waren diese Übergriffe zu schmerzhaft und entwürdigend gewesen, was ihr das Verzeihen unmöglich machte. Die Erinnerungen daran nahmen sehr viel Raum in ihrem Denken ein. Sie konnte nicht davon loslassen und musste ständig voller Verzweiflung, Trauer und Zorn an diese Gewaltakte zurückdenken, was natürlich auch jedes Mal ihr Gefühlsleben wieder aufwühlte. Es zeigte sich, dass sie diese destruktiven Glaubenssätze über Männer für wahr hielt:

„Alle Männer sind brutal und gewalttätig!“

„Keinem Mann kann man wirklich trauen!“

„Männer sind Soziopathen!“

126

Erinnern wir uns an dieser Stelle kurz an den wichtigen Grundsatz „Dir geschieht nach deinem Glauben", dann wird klar, warum ihr dieses geschehen ist. Wer solche Glaubenssätze für wahr hält, der zieht aus der riesengroßen Auswahl von Männern nur solche Männer ins eigene Leben, die dem vorgefassten Urteil entsprechen. Das bedeutet allerdings nicht, dass diese Männer deshalb das Recht hatten, Gewalt anzuwenden. Das hatten sie natürlich nie und unter keinen Umständen! Es erklärt nur, warum sie eine Anziehung ausgerechnet zu solchen untauglichen Männern verspürte.

Um diesen verhängnisvollen Kreislauf von sich ständig wiederholenden negativen Erfahrungen zu durchbrechen, ist es erforderlich, neben den ersten beiden auch noch die dritte Strategie anzuwenden, und sie ist vielleicht die schwierigste: Vergeben und vergessen! Das bedeutet, den Tätern ihre verwerflichen Taten vollumfänglich zu vergeben.

Jedem Christen ist diese Aufforderung aus den Evangelien bekannt, Jesus hat sie im wichtigsten Gebet der Christenheit, dem Vaterunser, untergebracht. Täglich bitten Christen auf der ganzen Welt auch diese Zeile:

„Und vergib uns unsere Schuld, wie wir vergeben unsern Schuldigern".

Damit wird einerseits um Vergebung der eigenen Sünden gebeten, andererseits zugleich bekundet, ebenso allen anderen Menschen jene Sünden zu vergeben, die sie dem Bittsteller angetan haben. Es gibt keinen Gottesdienst, in dem dieses Gebet nicht von den Gläubigen an Gott gerichtet wird. Aber der Gebetsinhalt muss auch getan werden, er muss auch umgesetzt werden, damit er wirken kann.

Lass es deshalb kein inhaltsleeres Lippenbekenntnis sein, sondern handle danach. Vergebe dir selbst und allen anderen Menschen die begangenen

Sünden und Fehler. Denke zu diesem Zweck immer wieder diese Worte, sobald eine Erinnerung an böse Taten in deinem Bewusstsein auftaucht:

„Ich vergebe dir – ich vergebe mir. Mir ist vergeben – dir ist vergeben.“

Und als Hassbremse fügst du diese Worte noch hinzu:

„Ich liebe mich – in uns allen lebt und wirkt der Schöpfer!“

Du wirst sehr schnell bemerken, dass du innerlich zur Ruhe kommst und deine Gedanken sich positiv verändern. Falls dir das Vergeben schwer fällt, dann mache dir bewusst, dass du mit deiner Wut, deiner Verzweiflung und deinem Hass auf den Täter im Prinzip nur einer Person schadest – dir selbst. Dein Körper reagiert auf die emotionsgeladene Erinnerung genauso wie auf ein reales Geschehen. Es macht keinen Unterschied! Er schüttet ebenso entsprechende Hormone aus, versetzt sich in Anspannung, erhöht die Herzfrequenz und den Blutdruck, wie bei einem tatsächlichen Ereignis. Auf Dauer schadest du damit deinem Körper, wenn er zwar ständig auf Hochtouren läuft, um einer Gefahr zu begegnen, diese Anspannung aber nicht durch entsprechende Handlungen wie Flucht oder Verteidigung wieder abreagiert werden kann.

Außerdem solltest du nicht übersehen, dass du mit jeder Stärkung dieser schlechten Erinnerung gedanklich bereits wieder fleissig dabei bist, ein neues Ereignis dieser Art zu produzieren, denn:

Gedanken werden zur Realität!

Halte es dir vor Augen: Alles, was du heute denkst, sind deine Erfahrungen von morgen. Da es sehr schwierig ist, überhaupt nichts zu denken, ist es sehr nützlich so zu denken, dass das Gute und Erwünschte gestärkt wird. Dieses gelingt am besten, wenn du dich dazu erziehst dankbar zu sein. Schau dich um und mache dir bewusst, dass deine gegenwärtige Realität mitsamt allen Dingen und Eigenschaften, von dir selbst erschaffen wurde. Deine aktuelle Situation ist das Ergebnis all deiner Entscheidungen, die du bisher getroffen hast. Sie ist ebenso das Ergebnis deiner bisherigen Wünsche und Hoffnungen. Achte und respektiere diese früheren Wünsche von dir! Vieles von dem, was jetzt da ist, wolltest du irgendwann einmal bewusst haben.

Sieh dich um und freue dich an den Dingen, die gut sind. Freue dich zum Beispiel darüber, dass du in Frieden lebst, oder dass du gesund bist, oder dass du ein Dach über den Kopf hast – oder was auch immer! Es gibt im Leben eines jeden Menschen mehr als genug Dinge, für die man dankbar sein kann. Damit erziehst du dich nicht nur zum Umdenken, sondern du stärkst das Gute in deinem Leben und entziehst den schlechten und unerwünschten Dingen zugleich die Energie. Mache dir diesen Grundsatz bewusst:

Du bekommst das, worauf du dich konzentrierst.

Wenn deine Gedanken weiter um das Unerwünschte oder um Mangel kreisen, wirst du davon nicht loskommen. Nur das Loslassen vom Unerwünschten und die volle Konzentration deiner Aufmerksamkeit auf das Gegenteil hilft dir, dass Erwünschte zu erreichen. Das bewusste Leben in der Gegenwart erleichtert dir die Bewältigung dieser Herausforderung sehr.

Doch nun zurück zu der jungen Frau, die unter der Gewalt von Männern gelitten hatte. Ein weiterer Fehler dieser Frau war die Ausschließlichkeit ihrer Glaubenssätze über Männer, denn die Überzeugungen „Alle Männer sind brutal und gewalttätig!" und „Keinem Mann kann man wirklich trauen!" lassen keine Ausnahmen zu. Sie umfassen generell alle Männer. Dementsprechend wurden sämtliche friedlichen Männer, mit denen sie hätte glücklich werden können und die es ganz zweifelsfrei auch gibt, von vornherein aus ihrer Erfahrungswelt ausgeschlossen.

Solche Glaubenssätze mit so einer absoluten Aussage, wie alle, jeder oder keiner, die keine Ausnahmen zulassen, sind völlig ungeeignet und bringen mitunter nur Leid hervor. Für das eigene Wohlergehen ist es zwar sinnvoll, grundsätzlich positiv über andere Menschen zu denken. Allerdings würde ich auch dann nur solche Formulierungen verwenden, die Ausnahmen zulassen. Denn sonst entsteht praktisch eine selbst verursachte Blindheit gegenüber den tatsächlichen Eigenschaften eines Anderen. Dieser Fehler ist mir leider einmal unterlaufen. Er war sehr schädlich für mich. Grundsätzliche Glaubenssätze über andere Personen oder Gruppen solltest du am besten so abfassen:

„Die allermeisten Menschen, Frauen, Männer usw. sind ... „

Damit bleibst du offen für die Kenntnisnahme aller Informationen, die dich irgendwie erreichen, denn Glaubenssätze wirken auch als Filter, die wertvolle intuitive Einsichten abblocken können, wenn sie so extrem ausschließend formuliert sind.

Schlechtes in Glück und Erfolg verwandeln

Eine grundsätzliche Wahrheit ist, dass niemand von uns wissen kann, was genau am morgigen Tag alles geschehen wird. Dieser zukünftige Tag entzieht sich nahezu vollständig unserer Kenntnis, von einigen stets wiederkehrenden Details einmal abgesehen. So können wir zum Beispiel sicher davon ausgehen, dass auch morgen die Sonne wieder aufgehen wird, selbst wenn dieses hinter einer dichten Wolkendecke geschieht. Dank professioneller Wetterdienste wissen wir natürlich ziemlich genau, welches Wetter uns in der nahen Zukunft erwartet. Auch Ereignisse die langfristig geplant, oder uns angekündigt wurden, sind bekannte Details dessen, was auf uns zukommt. Aber einmal von diesen Dingen abgesehen, wissen wir selbstverständlich nicht, was der morgige Tag uns alles an Ereignissen bescheren wird. Unsere persönliche Zukunft mitsamt ihren für uns wichtigen Ereignissen bleibt ein Geheimnis, das wir nicht enthüllen können. Es ist nun einmal eine unumstößliche Tatsache, dass wir nicht in die Zukunft sehen können. Wir wissen daher nicht, was uns zukünftig erwartet und wohin unsere persönliche Lebensreise geht.

Aber ist das auch tatsächlich hundertprozentig richtig? Die korrekte Antwort auf diese Frage ist sowohl ein Ja als auch ein Nein.

Hinterfragen wir zuerst das Ja. Es ist unbestreitbar richtig, dass wir nicht im Detail wissen, was uns morgen erwartet. Wir können definitiv nicht vorhersagen, was morgen im Einzelnen alles für uns geschehen wird. Das ist einfach eine feststehende Tatsache.

Kommen wir nun zum Nein. In welche Richtung unsere individuelle Lebensreise geht, ergibt sich aus unseren persönlichen Gedanken, Glaubenssätzen und Erwartungen. Unsere aktuellen Glaubenssätze und unsere heutigen Gedanken bestimmen unsere Zukunft, unsere persönliche Realität von morgen. Auch unsere persönliche Erwartung zeigt uns, wohin unsere Reise geht. Insofern haben wir schon ein paar Anhaltspunkte, wohin uns unsere Lebensreise führen wird, auch wenn wir nicht im Detail wissen können, was dann im Einzelnen genau geschieht. Dies zu wissen und daraus die richtigen Konsequenzen zu ziehen, ist für die Gestaltung unseres Schicksals von größter Bedeutung.

An unserer Vergangenheit können wir nichts mehr ändern. Was geschehen ist, das ist geschehen – und keine Macht der Welt kann es für uns ungeschehen machen. Wir müssen uns deshalb stets deutlich vor Augen halten, dass ein ständiges Grübeln über vergangene Fehlschläge, Misserfolge und Niederlagen zumeist emotionsgeladene Gedanken sind, die wir heute produzieren und die wir durch das Grübeln in unsere Zukunft projizieren. Sie werden auf diese Weise unsere Erfahrungen von morgen.

Nun gibt es neben dem bewussten Vergeben noch einen anderen, sehr erfolgreichen Trick, den ich mehrfach mit großem Erfolg angewendet habe. Der Trick besteht darin, früher einmal gemachte schlechte Erfahrungen, Fehlschläge, Niederlagen und Enttäuschungen neu und diesmal als positiv zu bewerten. Du erklärst sie schlicht gesagt, zu deinem großen persönlichen Glück. Sämtliche schlechten Erfahrungen sind nach deiner neuen festen Überzeugung (Glaubenssatz) in ihrer Gesamtheit nichts anderes als dein ganz persönliches Sprungbrett ins Glück. Die Enttäuschungen stellen sich nach deiner neuen Überzeugung als wichtige Bausteine für dein ganz persönliches Riesenglück heraus. Mit dieser radikalen Umbewertung verwandelst du Schlechtes in Glück. Zum Beispiel mit solchen Gedanken:

„Alles, was mir bisher geschehen ist und was mir jetzt geschieht, gereicht mir jetzt irgendwie zum Guten und wirkt sich positiv auf mich und mein Schicksal aus. Das glaube ich und so kommt es auch für mich. Da gelten keine gegenteiligen Gedanken mehr für mich."

„Alle bisherigen Erlebnisse stellen sich jetzt als mein ganz, ganz großes Glück heraus. Das glaube ich und so kommt es auch für mich."

So wirken sich die vermeintlichen Nachteile, die aus schlechten Erfahrungen möglicherweise einmal entstanden sind, nicht mehr länger schädlich auf dich und dein Schicksal aus. Das funktioniert immer, denn du musst bedenken, dass Gedanken zur Realität werden und dass dir nach deinem Glauben geschieht. Vielleicht sind nicht alle denkbaren Lebenserfahrungen für dieses Vorgehen geeignet, aber ich bin sicher, die allermeisten sind es wahrscheinlich schon.

Wir sind es gewohnt in Polaritäten zu denken, dem entsprechend bewerten wir auch unsere Lebenserfahrungen. Wir betrachten sie als gut, klasse und großartig, wenn sie uns gefallen oder eben als schlecht, böse und nachteilig, wenn sie uns nicht gefallen. Je nach dem, worum es sich handelt. Mal ehrlich, wer kommt schon auf die Idee, die Zurückweisung eines begehrten Mannes oder einer schönen Frau nicht als Enttäuschung aufzunehmen, sondern als Glück zu begreifen? Wer hat schon einmal auf den Verlust eines Jobs mit Freude reagiert, weil damit Platz geschaffen wurde für etwas viel Besseres?

Hältst du das für idiotisch? Ist es aber nicht! Tatsächlich ist es das Klügste, was man in solchen Fällen denken kann. Zum einen bewahrst du dir ein heiteres und frustfreies Lebensgefühl, denn deine Emotionen liegen auf der Wellenlänge deiner Gedanken. Zum anderen produzierst du mit diesen klugen Gedanken und Glaubenssätzen deine zukünftige persönliche Realität, die dir genau das einbringt, was du denkst! Bewertest du hingegen den Jobverlust als schädlich für dich, wirst du auch entsprechende deprimierende Gefühle bekommen, die dich runterziehen und bremsen. Und der Jobverlust wird sich aufgrund deiner eigenen festen Überzeugung auch schlecht auf dein weiteres Leben auswirken.

Denn das Geheimnis ist: Erst deine eigene Bewertung macht ein solches Ereignis zu dem, was für dich dann daraus wird. Das liegt allein in deiner Hand! Du kannst es mit der jeweils gleichen Berechtigung als Katastrophe oder als pures Glück betrachten. Glaubst du, dass es sich schädlich für dich auswirkt, dann wird es sich genau so im weiteren Verlauf deines Schicksals bemerkbar machen. Glaubst du hingegen, dass es sich als großes Glück herausstellen wird, dann kommt es für dich auch so. Früher oder später macht es sich als Glück in deinem Schicksal bemerkbar.

Genauso ist es, wenn manche Dinge, die du erstrebst einfach nicht klappen wollen. Lass dann die Finger davon, lass los von ihnen und höre auf, darum zu kämpfen. Sei nicht enttäuscht und hadere nicht mit deinem Schicksal! Du kannst ganz sicher davon ausgehen, dass stattdessen etwas Besseres für dich vorgesehen ist und dass dieses Bessere auch zu dir gelangt. Freue dich darüber! Sei glücklich! Sei guter Dinge! Sei zuversichtlich!

Diese Art zu denken habe ich oft bei mir selbst angewendet und es hat sich immer gelohnt. Ich habe damit die wundervollsten Überraschungen und Erfolge erlebt. Deshalb möchte ich es dir wärmstens ans Herz legen, genau zu überlegen, wie du gedanklich auf ein scheinbar negatives Ereignis reagieren willst. Bedenke immer:

Gedanken werden zur Realität!

Und erst dann entscheide darüber, wie du gedanklich auf Dinge und Ereignisse reagieren willst, die dich betreffen!

Probleme lösen – zielführend denken

Wie bereits im Zusammenhang mit Suchterkrankung erwähnt, kann es Situationen geben, die einen Menschen total überfordern können und die als so drückend empfunden werden, dass eine Hoffnung auf Besserung wie blanker Hohn erscheint. Das können die unterschiedlichsten Gegebenheiten sein, die schwer auf dem Gemüt eines Menschen lasten und sogar zum kompletten Erlöschen seines Lebensmutes führen können. Das Gemeinsame an diesen Problemen ist stets ihr Anschein völliger Unlösbarkeit. Sie stellen sich dem Individuum als unüberwindlich dar und ziehen deshalb oftmals tiefste Verzweiflung und Mutlosigkeit nach sich, weil trotz unentwegten Grübelns keine Lösung gefunden wurde. Weitere Folgen sind dann häufig Antriebslosigkeit, Apathie und das „sich hilflose Fügen in ein unvermeidliches Schicksal". Während meiner langjährigen Arbeit in der Suchtkrankenhilfe habe ich viele solcher Fälle kennengelernt, für die sich aber letztendlich dann doch akzeptable Lösungen gefunden haben.

Es zeigte sich immer wieder, egal, wie groß die Probleme auch erschienen, es gibt keine Wege ohne Auswege! Jedoch hatten alle gefundenen

Lösungen und Auswege eines gemeinsam! Sie entstanden erst durch ein verändertes Denken. Sofern dir das zu illusorisch vorkommt, dann rufe dir jetzt in Erinnerung, was du bisher gelernt hast! Gedanken sind wirkende Kräfte, sie werden zur Realität! Das bedeutet, änderst du deine Gedanken, dann änderst du damit auch deine Realität. Es kann sein, dass sich die daraus resultierenden Veränderungen in der Außenwelt sehr schnell zeigen, es kann aber auch eine Weile dauern. Sei also nicht verzagt! Die durch eine Veränderung des Denkens bewirkten Effekte kommen – ganz unvermeidlich! Da kannst du sicher sein!

Am besten wendest du dich in solchen Fällen vertrauensvoll an dein „Inneres Selbst", jene Instanz in dir selbst, die jederzeit deine gesamte persönliche Realität erschafft, inklusive deiner gegenwärtigen Schwierigkeiten. Diese entstanden nicht etwa aus purer Bosheit, sondern nur, weil du so gedacht und geglaubt hast. Weil du dich möglicherweise stets auf das Unerwünschte konzentriert hast. Nur deine bisherigen Gedanken sind die wahre Ursache deiner Schwierigkeiten. Es ist ein wichtiger Teil des irdischen Lernprogramms für uns alle, zu erkennen, dass sich unsere Gedanken realisieren – im Guten wie im Schlechten. Deshalb werden auch solche Gedanken verwirklicht, die sich schlecht auswirken.

Beginne, statt unentwegt zu grübeln, sofort damit, zielführend zu denken! Mit „zielführend denken" ist gemeint, nur solche Gedanken zu entwickeln und bewusst zu denken, die genau das hervorbringen, was du willst, wenn sie sich materiell verwirklicht haben. Bei dieser Art zu denken, konzentrierst du dich ausschließlich auf das von dir Erwünschte. Zugleich hörst damit auf, das Unerwünschte zu negieren oder es gar zu bekämpfen, was den Widrigkeiten immer wieder neue Energie verleihen würde. Überlege dir in aller Ruhe, wie diese zielführenden Gedanken lauten müssen. Sobald du dir darüber im Klaren bist, wiederholst du sie im Geiste immer wieder und machst sie dir völlig zu Eigen. Zum Beispiel solche Gedanken:

„Die Welt ist voller Lösungen, Chancen und Möglichkeiten. Alle Lösungen, die ich brauche sind schon da, oder aber die Wege um sie herbei zu führen. Sie sind vorhanden, sie sind mir zugänglich, sie sind für mich erreichbar, sie sind für mich tauglich und ich erkenne sie jetzt. "

Eine erfreuliche Tatsache ist, dass dein „Inneres Selbst" jederzeit bereit ist, dir zu helfen und Gutes für dich zu vollbringen. Es erschafft grundsätzlich viel lieber Erfreuliches für dich, als dir durch schlechte Erfahrungen deutlich zu machen, dass dein Denken verbesserungswürdig ist. Solltest du dich in einer Situation befinden, wo du weder ein noch aus weißt, bietet es sich an, dass du dein „Inneres Selbst" direkt ansprichst und um Hilfe bittest. Das „Innere Selbst" verfügt über wesentlich mehr Informationen und Wissen als du. Es kennt Auswege, Lösungen und Möglichkeiten, von denen du vielleicht nicht einmal im Ansatz etwas ahnst, die aber dennoch für dich nutzbar werden, sofern du dein „Inneres Selbst" darum bittest. Diese Bitte zu äußern ist ganz einfach. Es ist nur ein Akt des bewussten Denkens, etwa so:

„Das Innere Selbst ist unbegrenzt, es kennt keine Schranken, es erschafft meine gesamte persönliche Realität – alle meine Lebenserfahrungen! Ich habe erkannt, dass Gedanken zur Realität werden und denke jetzt zielführend! Mein Inneres Selbst setzt jetzt seine unendlichen Möglichkeiten, seine Fähigkeiten und sein Wissen für mich ein, um mir zu helfen. Dies geschieht ganz unabhängig von

allem, was ich sonst noch glaube. Meine Sorgen, Probleme und Schwierigkeiten lösen sich jetzt in Nichts auf. Ich stelle mich den Herausforderungen meines Lebens. Dies glaube ich jetzt und es gelten keine gegenteiligen Gedanken mehr für mich."

Wendest du diese Eigensuggestion konsequent an, wirst du sehr schnell merken, wie sich auch deine Gedankenwelt verändert. Weil die gewünschten Veränderungen nicht ohne deine aktive Mitwirkung zu haben sind, wird dir das „Innere Selbst" weitere positive Gedanken ins Bewusstsein bringen, die du dir allesamt zu Eigen machen solltest. Die mächtige Instanz in dir wird dir aktiv dabei helfen, deine bisherige Einstellung zum Besseren zu verändern, was im Weiteren auch dein Handeln in der Außenwelt zum Guten beeinflusst. Außerdem wirst du geeignete Lösungen präsentiert bekommen, entweder durch plötzliche Ideen, intuitive Einsichten oder durch Informationen, die in der Außenwelt zu dir gelangen. Letzteres können Fingerzeige und Tipps sein, die Freunde dir geben, oder dein Blick fällt „zufällig" auf Beiträge in Zeitungen, oder ähnliches. Auf jeden Fall wirst du, auf welchem Weg auch immer, nützliche Hinweise bekommen, die dir weiterhelfen und dir deutlich aufzeigen, was du selbst tun kannst! Du wirst es intuitiv wissen und das sichere Gefühl verspüren, dass diese Informationen in deinem Bewusstsein und in deinem Blickfeld erschienen sind, weil du sie für dich nutzen kannst.

Dieses Verfahren kann sowohl für ein ganzes Bündel an Schwierigkeiten, als auch für einzelne Probleme angewendet werden. Gibt es zum Beispiel irgendwelche Streitigkeiten mit anderen Menschen, kann man die Angelegenheit dem „Inneren Selbst" anvertrauen und um eine einvernehmliche Lösung bitten. Dies veranlasst man mit solchen Gedanken:

„Dieses ist eine Botschaft an mein Inneres Selbst! Mein Inneres Selbst kennt das Problem mit ... (Stichwort) ... ganz genau! Ich lege diese Angelegenheit nun in die Hände meines Inneren Selbst! Mein Inneres Selbst setzt seine unendlichen Möglichkeiten, seine Fähigkeiten und sein Wissen ein und erschafft jetzt eine Lösung, mit der ich zufrieden sein kann. Dies glaube ich jetzt und es gelten keine gegenteiligen Gedanken mehr für mich."

Die Lösung wird entstehen und sie wird sich dir offenbaren. Es kann eine unterschiedlich lange Zeit in Anspruch nehmen und wieder auf den unterschiedlichsten Wegen geschehen – aber du kannst darauf vertrauen, diese Lösung kommt. Bedenke weiterhin, dass du dieser Lösung im Wege stehst, wenn du trotzdem noch weiter darüber grübelst. Lass los und wenn deine Gedanken dann doch noch einmal zum Problem wandern sollten, dann stoppe sie sofort und denke besser so:

„Dieses Problem habe ich meinem Inneren Selbst übergeben, das jetzt eine wunderbare Lösung erschafft. Die beste Lösung wird mir gegeben. Ich muss nicht mehr darüber nachdenken."

Es hat sich in der Praxis bewährt, diesen gedanklichen Akt der Übergabe eines Problems an das „Innere Selbst" durch tätiges Handeln zu unterstützen. Du kannst zum Beispiel mit den Händen ein imaginäres Paket packen, in deiner Fantasie das Problem dort hineinlegen und es anschliessend mit entsprechenden Handbewegungen nach oben in den Himmel reichen. Dann stellst du dir geistig vor, wie es dort oben entgegen genommen wird. Dieses Ritual untermauert deinen Wunsch nach Hilfe und ist ein aktives Handeln, das vom „Inneren Selbst" sehr gut verstanden wird und die Ernsthaftigkeit deines Anliegens verdeutlicht. Dies möchte ich besonders jenen Menschen empfehlen, die Probleme damit haben, sich auf ausgesuchte Gedanken zu konzentrieren.

Eine sehr gute Freundin von mir praktiziert gerne das nachfolgende Ritual, das bei ihr immer funktioniert. Sie stellt sich vor dem Zubettgehen ein Glas Mineralwasser an den Nachttisch. Dann trinkt sie etwas davon, während sie mit geschlossenen Augen ganz intensiv diese Worte spricht:

„Die Weisheit in mir lässt mich wissen, was ich … (in dieser oder jener Sache) … tun sollte und welchen Weg ich am besten einschlage. Ich trinke jetzt das Glas halb aus. Dann gehe ich schlafen und wenn ich morgen früh aufwache und den Rest austrinke, dann kommt die Information zu mir! Das ist alles, was ich tun muss, um eine Lösung für mein Problem zu bekommen. Dafür danke ich"

Mit diesen Beispielen möchte ich Dir aufzeigen, wie du die machtvolle Intelligenz in dir selbst zu deinem persönlichen Nutzen aktivieren kannst. Lass dir deshalb nicht von anderen Menschen oder vermeintlichen Experten etwas anderes sagen. Viele von ihnen halten das Unbewusste für eine Art Rumpelkammer, einen Ort für Verdrängtes, in der lediglich unschöne Dinge abgestellt werden, damit sie aus dem Bewusstsein und aus den Augen verschwunden sind. Nichts ist Unzutreffender als gerade diese irrige Vermutung. Sobald du deine Aufmerksamkeit nach innen richtest und damit beginnst, deine Innenwelt zu erforschen, wirst du die Tür zu einer Schatzkammer voller Wissen und Weisheit öffnen.

Betreibst du es ernsthaft, wirst du wahrscheinlich auf sehr viele Informationen stoßen, die zwar schon immer da waren, die du aber nicht bewusst zur Kenntnis genommen hattest, weil sie nicht zum Inhalt und zu den Aussagen deiner bisherigen akzeptierten Glaubenssätze passten. Sie können dir wertvolle Hinweise und nützliche Einsichten geben.

Grundsätzlich ist es sinnvoll, ein Problem als Herausforderung zu begreifen. Auf diese Weise verlagert sich der bewusste Fokus konkreter auf die möglichen Lösungen. Ändere deshalb deine innere Einstellung. Wenn du ein „Problem" hast, dann betrachte es als eine persönliche Herausforderung oder als eine Art von neuer Chance, die dein Leben zum Besseren verändern wird. Übe dich in dieser Betrachtungsweise und radiere das Wort „Problem" irgendwann vollständig aus deinem Bewusstsein. Sage dir immer wieder, es gibt keine Probleme, es gibt nur Herausforderungen. Sie sind im Wesentlichen nur Chancen zum Wachstum und führen dich in ein besseres Leben. Mache dir bewusst, dass du den anstehenden Herausforderungen gewachsen bist.

Eigenverantwortung übernehmen

Ein Teil der heute lebenden Menschen lehnt die uns innewohnende Selbstverantwortung für unser Leben völlig ab. Weder wollen sie verstehen, noch wollen sie wahrhaben, dass alle Menschen die Verantwortung für ihr persönliches Schicksal selbst zu tragen haben. Diese Selbstverantwortung kann niemand auf andere Menschen übertragen, obwohl es genug Anreize gibt, genau dieses zu tun. Viele politische Parteien, große Wirtschaftszweige, Hilfsorganisationen und soziale Verbände beziehen ihre Existenzgrundlage, ihre Gewinne, sowie die Einkommen ihrer Beschäftigten aus der Verleugnung dieser grundsätzlichen Wahrheit. Sie sind deshalb immer gerne bereit, den Hilfesuchenden die Eigenverantwortung abzusprechen. Einige der größten sozialen Einrichtungen befinden sich im Besitz der christlichen Kirchen. Es ist daher nicht weiter verwunderlich, wenn manche Menschen lieber dieser Verlockung folgen und anderen die Schuld für Mängel und Missstände in ihrem Leben geben, statt die Arbeit auf sich zu nehmen, das eigene Leben und das eigene Umfeld verantwortungsbewusst zum Besseren umzugestalten.

Natürlich ist es richtig, Menschen in Not zu helfen. Gleichwohl darf dabei aber nie die Tatsache aus den Augen verloren werden, dass die Selbstverantwortung für alle Menschen gleichermaßen auf dieser Welt gilt. Sie gilt ausdrücklich auch für jene, die Empfänger der Hilfe sind. Auch die Hilfsempfänger sind verpflichtet, ihr Schicksal selbst in die Hand zu nehmen und auf ihre Weise dazu beizutragen, dass sich die Welt zum Guten verändert.

Im Prinzip gibt es nur eine Art der Hilfe, die langfristig Veränderung zum Guten bewirken kann – das ist die Hilfe zur Selbsthilfe. Ziel dieser Hilfe ist es, den Hilfesuchenden die Möglichkeiten und Mittel in die Hand zu geben, die benötigt werden, um das Leben aus eigener Kraft zum Guten zu verändern. Wie du den vorangegangenen Kapiteln entnehmen konntest, sind aber gerade die eigentlich dafür zuständigen christlichen Kirchen, die größten Versager auf diesem Gebiet. Denn es wäre vor allem ihre Aufgabe gewesen, den Gläubigen die tatsächliche Botschaft Christi nahezubringen und zu erläutern, welche wahre Bedeutung den eigenen Gedanken und Glaubenssätzen bei der Schicksalsgestaltung zukommt. Stattdessen bekämpfen sie alles und jeden, die ihre Machtposition bedrohen. An Stelle der mörderischen Inquisition kümmern sich heute Sektenbeauftragte darum, die Abweichler von ihren Irrlehren öffentlich zu diffamieren, um sie so zum Schweigen zu bringen.

Um es sehr deutlich zu sagen, die Gesellschaft und das System sind nicht pauschal verantwortlich für irgendwelche Missstände, die von einzelnen Menschen beklagt werden. Es ist absolut kontraproduktiv, die Gesellschaft als Ausgangspunkt für angestrebte Verbesserungen zu wählen. Wer eine Gesellschaft zum Guten verändern will, kann den Hebel nicht bei der Gesellschaft als solches ansetzen, sondern er muss sich dafür einsetzen, dass sich das einzelne Individuum dieser Gesellschaft frei entwickeln und entfalten kann. Nur wenn es möglich ist, dass jeder Bürger ungehindert das Beste aus sich selbst und seinem Leben machen kann, kommt die Gesellschaft als Ganzes voran. Alle anderen Wege sind zum Scheitern verurteilt.

Auch ein kranker Wald wird nur dann zu einem gesunden Wald als Ganzes, wenn man sich um die Gesundheit und das Wachstum eines jeden einzelnen Baumes kümmert. Tut man das nicht, bleibt der kranke Wald partiell oder als Ganzes ein kranker Wald.

Jegliche Gesellschaftsklempnerei, die zum Ziel hatte, eine Gesellschaft mit massivem Zwang zu etwas vermeintlich Besserem umzugestalten, ist bisher kläglich gescheitert und wird immer wieder fehlschlagen. Derartige Versuche, zu denen alle sozialistischen „Menschheitsbeglückungen" gehören, werden auch weiterhin nichts anderes als Ungerechtigkeiten, Schmerzen und Leid hervorbringen, aber niemals eine gerechte Gesellschaft. Denn all diese Menschenexperimente berücksichtigen nicht die persönlichen Absichten und Lernziele, die ein Individuum in diesem aktuellen Leben verfolgt. Mitunter können diese Lernziele aus der Sicht anderer Personen sehr destruktiv aussehen, sind aber für den Betreffenden eine wichtige Lektion, der er sich freiwillig unterworfen hat.

Man kann von Dummköpfen nichts lernen, außer dass sie dumm sind. Lernen kann man nur von positiven Vorbildern, sie sind für jede Gesellschaft wichtige Orientierungspunkte. Verliert eine Gemeinschaft diese Menschen, dann verliert sie auch die mit ihnen verbundenen Werte und Eigenschaften. Mangelt es an positiven öffentlichen Vorbildern, wird eine Gesellschaft zunehmend orientierungsloser und die Akzeptanz vieler positiver Eigenschaften wie Fleiß, Ehrlichkeit, Pünktlichkeit, Ordnungsliebe, Disziplin, Friedfertigkeit usw. sinkt. Dieser Werteverfall wird noch beschleunigt, wenn diese an sich guten Eigenschaften von verantwortungslosen Politikern öffentlich zum Problem erklärt oder als „Sekundärtugenden" verpönt werden, mit denen man auch ein KZ leiten könnte.

Es geht kein Weg daran vorbei, die Welt verändert sich nur dann zum Besseren, wenn der einzelne Mensch bei sich selbst beginnt und sich zum Besseren wandelt. Also, beginne bei dir selbst. Werde für andere Menschen zu einem positiven Vorbild! Wenn du dich fragst, welche Werte erstrebenswert sind, um mit guten Idealen durchs Leben zu gehen, oder um vielleicht selbst ein gutes Vorbild zu sein, dann möchte ich dir diese Empfehlung aus der Bibel, Matthäus 7.12 geben, die Jesus uns hinterlassen hatte:

„Alles nun, was ihr wollt, dass euch die Leute tun sollen, das tut ihnen auch."

Ähnliches sagte auch der deutsche Philosoph Immanuel Kant:

„Handle stets so, dass die Maxime deines Willens jederzeit zugleich als Prinzip einer allgemeinen Gesetzgebung gelten könnte."

Mache dies zu deiner Handlungsgrundlage, wenn du nicht weißt, woran du dich orientieren sollst. Damit leistest du einen großen Beitrag zur Verbesserung der Welt.

Für die Entwicklung der gesamten Gesellschaft und des einzelnen Individuums wäre es von großem Vorteil, wenn den heranwachsenden Menschen bereits im Schulunterricht dieses wahre spirituelle Wissen vermittelt wird. Es würde ihnen helfen, das eigene Leben von klein auf an bewusster zu gestalten, sich zu entfalten, Talente zu entwickeln und angestrebte Ziele zu erreichen. Wenn ich auf mein eigenes Leben zurückblicke, so bin ich mir völlig sicher, das Wissen von der Macht der Gedanken hätte mir viel Leid erspart, welches ich mir durch ein untaugliches Denken selbst eingebrockt hatte, wie ich heute weiß.

Ein nicht zu leugnender Umstand ist es leider, dass viele Politiker, Sozialarbeiter etc. zwar gerne vom mündigen und selbstbestimmten Bürger reden, aber entgegen ihren öffentlichen Beteuerungen dieses eigenverantwortliche und selbstdenkende Exemplar nicht wirklich von ihnen gewünscht ist, denn genau dieser Typ steht ihren Machtansprüchen, Geschäften und Karrieren im Weg.

In den letzten drei Jahrzehnten hat sich die Anzahl der Suchthilfeeinrichtungen massiv vermehrt und mit ihnen natürlich auch die Zahl der Arbeitsplätze für Mediziner, Psychologen und Sozialarbeiter. All diese gut bezahlten Jobs würden gar nicht erst entstehen bzw. künftig wegfallen, wenn potenzielle Suchtkranke von klein auf an lernen könnten, wie Sucht durch das eigene Denken entsteht und gestoppt werden kann. Es liegt auf der Hand, dass der Personenkreis der hochbezahlten Helfer kein Interesse daran haben kann, dieses Wissen zu verbreiten. Es würde sie dauerhaft überflüssig machen. Daher ist es in diesem Zusammenhang nicht wirklich verwunderlich, dass die Anzahl der Suchtkranken trotz der stetig wachsenden Zahl an professionellen Helfern nicht signifikant gesenkt wurde.

Auch Parteien und die ihnen zugehörigen Politiker leben gut von der Existenz benachteiligter Menschen, als deren Interessenvertretung sie sich verstehen. Ohne diese Benachteiligten hätten sie keine Existenzberechtigung mehr. Ähnlich sieht es im Medizinbereich und in der gesamten „Sozialindustrie" aus. Sie alle sind auf das Vorhandensein von Opfern, Benachteiligten, Kranken oder sonst wie Hilfsbedürftigen angewiesen. Ein Mensch, der in jedem Lebensbereich eigenverantwortlich seinen Weg durchs Leben geht und sein Schicksal selbstbestimmt in die eigene Hand nimmt, untergräbt ihre Existenzberechtigung und wird deshalb häufig als Feind betrachtet. Wundere dich also nicht, wenn dein Streben nach einem selbstbestimmten Leben gerade von „Experten" aus diesen Bereichen nicht gern gesehen wird.

So ist zum Beispiel der Medizinsektor inklusive Pharmaindustrie ein gigantischer Wachstumsmarkt mit exorbitant hohen Renditen. Im Jahr 2014 erwirtschaften die Firmen in diesem Bereich mit rund fünf Millionen Beschäftigten einen Umsatz von 344,2 Milliarden Euro. Der Gesundheitsmarkt ist auf das Vorhandensein von Kranken, die sich nicht selbst helfen können, angewiesen. Kranke sind für dieses Geschäftsmodell unverzichtbare Voraussetzung, denn an Gesunden kann nichts verdient werden. „Experten" aus diesem Bereich werden deshalb die Fähigkeit des Menschen zur Selbstheilung stets vehement bestreiten, weil die Verbreitung dieses Wissens ihre Geschäftseinkünfte beeinträchtigen würde. Sie sind auf die Unkenntnis der Menschen angewiesen, um weiterhin gute Geschäfte machen zu können. Völlig ungeniert stellen sie ihren auf Profitmaximierung ausgerichteten Eigennutz über das Gemeinwohl, wenn es darum geht, nützliche Entwicklungen zu behindern.

Wie weit das gehen kann, hat ein Freund von mir erlebt. Er ist Doktor der Medizin und hat ein hochwirksames Mittel gegen Fußpilz entwickelt. Es handelte sich um eine Substanz, die den Pilzbefall für alle Zeiten beseitigt und keine weiteren Nachbehandlungen mehr erfordert. Trotz jahrelanger Suche fand er kein Pharmaunternehmen, das bereit gewesen wäre, dieses Mittel auf den Markt zu bringen. Mit seinem Mittel hätten sie zwar den Menschen besser geholfen, aber zugleich ihren Umsatz geschmälert. Ihre eigenen Produkte, die den Pilzbefall nicht nachhaltig beseitigen und deshalb weitere Behandlungen erfordern, bringen ihnen mehr Geld ein als eine einmalige Anwendung mit dem neuen Medikament.

Bestätigt wird dieser Sachverhalt durch eine interne Studie der Investmentbank Goldman Sachs, die erst kürzlich ziemlich unverhohlen der Pharmaindustrie im Zusammenhang mit der modernen Gentechnik davon abriet, ihre Kunden gesund zu machen. In den Empfehlungen der Bank vom 10. April 2018 [9] heißt es:

"Das Potenzial, Behandlungen zu entwickeln, die schon nach einer Anwendung die Heilung vollbringen, ist der attraktivste Aspekt der Gentechnik. Allerdings sind solche Behandlungen ganz anders zu betrachten, wenn es darum geht, ein bleibendes Einkommen zu erzielen."

Solche Behandlungen würden zwar einen enormen Wert für die Menschen und die Gesellschaft haben, wären aber zugleich schlecht fürs Geschäft, denn die Verfügbarkeit von kranken, sprich behandelbaren Menschen würde dadurch rapide sinken. Und damit auch die Einnahmen der Pharmakonzerne. Goldman Sachs empfiehlt den Pharmaunternehmen deshalb, sich stattdessen Märkte zu suchen, die einen stabilen Anteil an Kranken haben, damit der kontinuierliche Geldfluss gewährleistet bleibt.

Letztlich bedeutet dieses nur eines: Krankheit, Leid, Angst und Tod sind gut für das Geschäft. Genau deshalb ist es für die Pharmaindustrie und dem gesamten Medizinsektor unverzichtbar für deren Umsätze, dass die Menschen krank und unwissend bleiben. Denn nur dann wird weiterhin viel Geld verdient.

Manipulationen erkennen und Selbstdenker werden

Tenzin Gyatso, der 14. Dalai Lama, buddhistischer Mönch und spirituelles Oberhaupt der Tibeter vermittelte seinen Schülern diese klugen Sätze:

„Du brauchst keinen Lehrer, der dich beeinflusst. Du brauchst einen Lehrer, der dich lehrt, dich nicht mehr beeinflussen zu lassen!"

Schon Konfuzius (551 - 479 v.Chr.), chinesischer Philosoph, bestimmend für die Gesellschafts- und Sozialordnung Chinas, wusste zu seiner Zeit, wie wichtig es ist, in Diskussionen die richtigen Worte und Begriffe zu verwenden. Er appelliert daran, dass ein Staatsführer zwingend darauf zu achten hätte, denn:

„Stimmen die Worte und Begriffe nicht, so ist die Sprache kon-
fus. Ist die Sprache konfus, so entstehen Unordnung und Miss-
erfolg. Gibt es Unordnung und Misserfolg, so geraten Anstand
und gute Sitten in Verfall. Sind Anstand und gute Sitten in Fra-
ge gestellt, so gibt es keine gerechten Strafen mehr. Gibt es keine
gerechten Strafen mehr, so weiß das Volk nicht, was es tun und
was es lassen soll. Darum muss der Herrscher die Begriffe und
Namen korrekt benutzen und auch richtig danach handeln kön-
nen. Er geht mit seinen Worten niemals leichtfertig um.“

Menschen neigen dazu, sich mit denen zusammen zu tun, die im Wesentlichen der gleichen Ansicht sind, wie sie selbst. Es bilden sich deshalb
innerhalb der Gesellschaft eines Staates die unterschiedlichsten Gruppen
und Vereinigungen, die stets getragen werden von den gleichen Interessen,
vor allem aber von den identischen Grundüberzeugungen der einzelnen
Mitglieder. Durch die Mitgliedschaft und den Meinungsaustausch innerhalb dieser Gruppe erhält jedes Mitglied durch die anderen die fortwäh-
rende Bestätigung, dass die eigene Meinung die richtige und bisweilen
sogar die einzig wahre Meinung zu einem bestimmten Thema ist. So trägt
jeder Einzelne allein durch seine Zugehörigkeit zu einer Gruppe zur dauerhaften Verfestigung bestimmter Glaubenssätze bei.

Erinnern wir uns kurz daran, was ein Glaubenssatz ist. Es sind verdichtete Überzeugungen, die zu unbestreitbaren Ideen über die persönliche
Realität wurden. Sie werden für wahr gehalten und stehen außerhalb jeden
Zweifels. Für den einzelnen Menschen haben Glaubenssätze den Charakter feststehender Tatsachen, die nicht weiter überprüft werden müssen, da
sie sich von selbst verstehen. Sie werden für Eigenschaften der Realität ge-

halten und nicht als das erkannt, was sie wirklich sind, nämlich nur bloße Glaubensvorstellungen über die Realität.

Gibt es zum Beispiel innerhalb einer politischen Gruppe einen von den anderen Gruppenmitgliedern akzeptierten Wortführer, der bestimmte Standpunkte mit Überzeugungskraft artikulieren kann und von den anderen als glaubwürdig betrachtet wird, dann übernimmt er häufig auch die Rolle eines „Glaubenssatzverkünders". Er kreiert und prägt für die gesamte Gruppe neue Grundüberzeugungen, die von den anderen Mitgliedern der Gruppe dann zumeist ungeprüft als „richtig" und als „Wahrheit" übernommen werden. Viele Gruppenmitglieder sind allerdings auch sehr froh, wenn sie nicht selbst denken und schlussfolgern müssen. Sie überlassen diese anstrengende geistige Arbeit liebend gerne den Wortführern ihrer Gruppe und akzeptieren ungeprüft deren verkündeten Wahrheiten.

Besonders unkritisch werden neue Glaubenssätze innerhalb einer Gruppe von jenen Mitgliedern übernommen, die nicht oder noch nicht über ausreichend entwickelte kognitive Fähigkeiten verfügen und Probleme damit haben, Zusammenhänge zu erschließen, Muster zu erkennen und logische Schlussfolgerungen zu ziehen. Mit ihnen haben gewissenlose Demagogen ein besonders leichtes Spiel. Sie lassen sich ohne große Mühen instrumentalisieren und gegen andere aufhetzen. Es handelt sich oft um junge unerfahrene Menschen, die sich auf diese Weise für die verschiedensten Zwecke missbrauchen lassen.

Kommt dann noch ein gemeinsames Feindbild hinzu, schmiedet es die Gruppe noch enger im Kampf gegen den Feind zusammen und gibt obendrein jedem einzelnen Mitglied die wohltuende Gewissheit zu den „Guten" zu gehören. Schließlich ist man ja vereint im Kampf gegen das

"Böse". Nichts taugt besser zur Manipulation von Massen als ein gemeinsames Feindbild. In einem solchen unkritischen Milieu verbreiten sich neue Glaubenssätze praktisch über Nacht, was von einigen Soziologen gern als das Phänomen der „Schwarmintelligenz" beschrieben wird, obwohl diesem Verhalten nichts wirklich Intelligentes innewohnt.

Diese geistige Faulheit, bzw. das Unvermögen rational zu denken, hat bedenklich schwere Nachteile. Es begünstigt nämlich in einem hohen Maße das Entstehen von destruktiven Ideologien. Hierbei handelt es sich um Gedankenkonstrukte, die auf akzeptierten Glaubenssätzen zu bestimmten Themenbereichen, Ideen und Wertvorstellungen beruhen, die eine bestimmte gesellschaftliche Gruppe für richtig und wahr erachtet. Die Gesamtheit der von dieser Personengruppe akzeptierten Grundüberzeugungen bildet ein in sich geschlossenes Glaubenssatzsystem, das in Struktur und Ausprägung sehr schnell Ähnlichkeit zur dystopischen Weltanschauung einer Sekte annehmen kann.

Diese gemeinsame Weltanschauung gibt aber der gesamten Gruppe das notwendige „Wir-Gefühl" und sichert deren inneren Zusammenhalt. Jedes einzelne Gruppenmitglied darf sich im Besitz der „absolut richtigen" Meinung wähnen und erfährt jeden Tag aufs Neue von den anderen Gruppenmitgliedern die Richtigkeit der eigenen Glaubenssätze. Im Grunde handelt es sich um ein Paradebeispiel für gegenseitige Massensuggestion und Selbsthypnose.

Solche Glaubenssatzsysteme sind fast immer durchsetzt mit unübersehbaren Widersprüchen, weshalb sie auch noch nie einen dauerhaften Bestand hatten und darum früher oder später wieder zerbrechen. Als Beispiele möchte ich den Nationalsozialismus und den Kommunismus nennen, die beide nach vielen Jahren sinnloser „Weltverbesserung" mit zig Millionen Toten auf den Müllhaufen der Geschichte entsorgt wurden. Naturgemäß werden die Glaubenssätze solcher Systeme von jenen, die sie für richtig halten, niemals ernsthaft auf Stringenz und Logik überprüft. Diese teilweise irrealen Glaubenssätze bewirken im Besonderen, dass ihre Träger nur noch eine stark verzerrte Sicht auf die Realität haben. Diese stark verzerrte Realitätssicht verursacht bei den Mitgliedern dieser ideologisch geprägten Gruppe dann Handlungen voller Logikbrüche, über deren Irrsinn Außenstehende nur noch mit offenem Mund staunen können.

Mit Argumenten ist diesen „Infizierten" meistens nicht mehr beizukommen, denn es fehlt ihnen gerade der Wille oder die Fähigkeit zur argumentativen Auseinandersetzung. Sie können nur marionettenartig die hohlen Phrasen der eingeimpften Glaubenssätze nachplappern. Zu mehr sind sie meist nicht in der Lage, weil es ihnen aus verschiedensten Gründen wichtiger ist, Mitglied dieser Gruppe zu bleiben, statt die gemeinsamen Glaubenssätze in Frage zu stellen. Der Anpassungsdruck innerhalb einer solchen Gruppe kann so gewaltig sein, dass selbstdenkende Abweichler ein großes Problem bekommen, wenn sie diesen verkündeten Grundüberzeugungen offen widersprechen. So schweigen sie dann lieber und vermeiden offene Kritik an den Wortführern, denn als Alternative bleibt ihnen im Regelfall nur das Verlassen der Gruppe, mit allen damit verbundenen Konsequenzen.

Demagogen sind zumeist sehr geschickte Volksaufhetzer, die mittels öffentlicher Rede eine Menschenmasse politisch oder ideologisch aufwiegeln wollen. Zu ihren rhetorischen Mitteln gehören dabei Übertreibungen, Verzerrungen und Vereinfachungen der Wahrheit, Verallgemeinerungen, bewusstes Verschweigen relevanter Fakten und teils auch schlichte Lügen.

Hitler und Goebbels, aber auch Mao, Pol Pot und Che Guevara waren beispielhafte Vertreter dieser Spezies.

Solche gewissenlosen Verführer gibt es auch heute noch, aktuell treten sie nur leiser auf und gehen subtiler vor. Ihre Absichten und Mittel sind jedoch die gleichen, nämlich die bewusste Manipulation größerer Massen, um ihre wirklichen Ziele durchzusetzen, für die es bei klarer Benennung der Absichten keine breite Zustimmung in der Öffentlichkeit geben würde. Diese Demagogen geben zu bestimmten Themen geschickt ausgesuchte Parolen aus, die den dahinter steckenden Sachverhalt vernebeln und Kritiker zum Schweigen bringen sollen. Hier ist ein plakatives Beispiel für diese moderne Art der bewussten Massenmanipulation:

„Kein Mensch ist illegal.“

Auf dem Höhepunkt der Flüchtlingskrise in der Zeit 2015/2016 wurde dieser Satz pausenlos über sämtliche Medien verbreitet. Wie beabsichtigt wurde er zum akzeptierten Glaubenssatz vieler, vor allem junger Menschen. In öffentlichen Diskussionen wurde er zum bevorzugten Totschlagargument gegen sämtliche Kritiker der Grenzöffnung, die juristische Zweifel an der Rechtmäßigkeit dieser Entscheidung bekundeten. Bei Licht betrachtet diente der Satz „Kein Mensch ist illegal“ jedoch allein der gezielten Verlagerung der gesamten Diskussion von der angreifbaren staatsrechtlichen und juristischen Ebene weg und hin zur Verzerrung des gesamten Themas - ein typisches demagogisches Vorgehen.

Die Worte waren clever ausgewählt, denn im Prinzip muss ihnen jeder zustimmen. Wie könnte auch ein auf der Erde lebender Mensch überhaupt illegal sein? Jeder hat ein Lebensrecht, dem wird niemand widersprechen.

Aber um dieses nur vorgeschobene allgemeine Lebensrecht ging es auch nie, sondern nur um die Rechtmäßigkeit der damaligen Grenzöffnung. Denn selbstverständlich gibt es illegale Aufenthalte von Menschen im Territorium fremder Länder. Diese Tatsache wurde aber von den Demagogen geschickt umgangen und der weiteren Diskussion entzogen.

Ein weiteres Beispiel für das unselige Wirken von gewissenlosen Demagogen ist es zum Beispiel, Kritiker des Islams öffentlich als Rassisten zu diffamieren. Das lässt sich zwar sehr leicht widerlegen, setzt aber den Willen und die Fähigkeit des Individuums zum eigenständigen Denken voraus. Fakt ist: Der Islam ist keine Rasse und kann es auch niemals sein, denn er ist eine weltweite Religion, der sowohl Farbige wie auch Weiße angehören. Insofern greift hier der Vorwurf des Rassismus nicht. Selbstverständlich ist diese Tatsache auch den Demagogen und Propagandisten bekannt, es hindert sie aber nicht daran, trotzdem zu diesem Mittel zu greifen, um Kritiker zum Schweigen zu bringen.

Mit diesen beiden Beispielen habe ich nun zwei Gruppen der „Bösen" beschrieben, einmal den Kritiker der Grenzöffnung, der die Rechtmäßigkeit dieser Maßnahme anzweifelt und dann den Islamkritiker. Beide werden durch diese demagogischen Methoden öffentlich in Misskredit gebracht und de facto mit radikalen Nazis auf eine Stufe gestellt, was sie natürlich in Wirklichkeit nicht sind – von möglichen einzelnen Ausnahmen vielleicht abgesehen.

Mitglieder von bestimmten politischen Gruppen und Parteien, in denen das selbstständige Denken weder verbreitet, noch erwünscht ist, greifen diese von gewissenlosen Demagogen verbreiteten und zu Glaubenssätzen verdichteten unwahren Überzeugungen dann widerspruchslos auf und akzeptieren sie für sich ohne eigene Prüfung auf Richtigkeit.

Es dürfte sich von selbst verstehen, dass solche Demagogen, die heute lieber im Dunkeln agieren, als sich in der Öffentlichkeit zu zeigen, die wahren Feinde der Demokratie sind, denn sie unterbinden eine auf korrekte Information und Wahrhaftigkeit beruhende demokratische Diskussion über relevante Themen, die uns alle angehen. Sie spalten die Gesellschaft in die „Guten" und in die „Bösen", in die „Hellen" und die „Dunklen". Wobei die selbsternannten „Guten" und „Hellen" kein Problem darin sehen, wenn die „Bösen" und „Dunklen" hinterhältig auch mit brutalster Gewalt bekämpft werden.

Da auch zu solchen Interaktionen immer zwei gehören, nämlich einer der lügt und einer der sich belügen lässt, ist besonders jener zur Weiterentwicklung aufgefordert, der sich bisher hat belügen lassen, denn ihm fehlt im allgemeinen die kriminelle Energie und der schäbige Charakter, die den Demagogen antreiben. Es ist nicht sonderlich schwer, diese Art Lügen als solche zu erkennen. Dies fällt dir leicht, wenn du entsprechende Glaubenssätze über andere Menschen hast, zum Beispiel solche:

„Ich verstehe meine Mitmenschen. Ich erkenne ihre wahren Motive und Absichten. Ich lasse mich nicht zu meinem Schaden oder Nachteil manipulieren oder beeinflussen."

Solche und ähnliche Glaubenssätze vermindern die Gefahr manipuliert zu werden, schon sehr deutlich. Wenn es keinen anderen Weg gibt, einem Gruppendruck zu entkommen, kommt natürlich auch das Verlassen dieser Gruppe in Betracht. Davor musst du keine Angst haben. Einsamkeit droht dir damit auf keinen Fall, denn es finden sich auch für dich wieder neue

Gleichgesinnte, die deine neuen Ansichten, Meinungen und Glaubenssätze teilen. Du solltest dann besser so denken und glauben:

„Jedes Ende ist zugleich der Anfang von etwas Neuem. Für jede Tür, die sich verschließt öffnet sich automatisch eine Neue!"

„Mein Schicksal ist eine ständige Verbesserung zum Guten."

„Das Leben ist Werden, Wachstum und Wandel. Für alles, was ich verliere, kommt immer etwas Besseres nach."

Schon Immanuel Kant (1724 - 1804) der große deutsche Philosoph der Aufklärung und einer der bedeutendsten Vertreter der abendländischen Philosophie forderte im Jahre 1784 das Selbstdenken aller Menschen ein. Er hinterließ uns die bis heute gültige Definition der Aufklärung, die zur Basis der Demokratie wurde:

„Aufklärung ist der Ausgang des Menschen aus seiner selbstverschuldeten Unmündigkeit. Unmündigkeit ist das Unvermögen, sich seines eigenen Verstandes ohne Leitung eines anderen zu bedienen. Selbstverschuldet ist diese Unmündigkeit, wenn die Ursache derselben nicht am Mangel des Verstandes, sondern an der Entscheidung und des fehlenden Mutes liegt, sich seiner ohne Leitung eines anderen zu bedienen. Sapere aude! Habe den Mut, dich deines eigenen Verstandes zu bedienen!"

Kant erklärte uns, warum ein großer Teil der Menschen, obwohl sie längst erwachsen sind und durchaus fähig wären selbst zu denken, es dennoch vorziehen, zeit ihres Lebens unmündig zu bleiben und dies auch noch gerne sind. Er sah den Grund in „Faulheit und Feigheit", denn es wäre sehr bequem, unmündig zu sein. Die anstrengende Tätigkeit des eigenständigen Denkens lässt sich leicht auf andere übertragen. Wer einen „Vordenker" hat, muss selbst keine Informationen einholen, muss nicht selbst überlegen, muss nichts selbst hinterfragen und muss auch keine Schlussfolgerungen ziehen. Solche Unmündigen brauchen auch kein eigenes Gewissen, denn was richtig und falsch, und was gut und böse ist, wird ihnen von anderen vorgegeben. Etwaige Zweifel an der Richtigkeit ihrer Haltung unterdrücken sie mit dem Argument, dass alle anderen sich doch nicht so gewaltig irren könnten. So kommt es, dass große Irrtümer eine lange Lebensdauer haben, wie z. B. die falsche Ansicht, die Erde wäre eine Scheibe. Kant sagte dazu:

„Dass der bei weitem größte Teil der Menschen den Schritt zur Mündigkeit, außerdem, dass er beschwerlich ist, auch für sehr gefährlich halte: Dafür sorgen schon jene Vormünder, die die Oberaufsicht über sie gütigst auf sich genommen haben."

Diese unaufgeklärten Menschen verglich der Philosoph Kant gerne mit „Hausvieh", das in einem „geistigen Käfig" gehalten wird. Heute würde man wohl eher von „Stimmvieh" reden, das dumm gemacht wurde und in diesem Zustand verbleiben soll, weil es den Herrschenden so viel zweckdienlicher ist. Die Rolle der „gütigen Vormünder" haben gegenwärtig eine große Anzahl der Medien übernommen, die eng mit der Politik verbunden sind. Sie sehen ihre Aufgabe nicht mehr darin, möglichst wertfrei, unabhängig und neutral Nachrichten zu verbreiten, sondern betätigen sich lieber als „Nanny-Medien", die den Leser erziehen und betreuen wollen, um ihn in ihrem Sinne zum „richtigen Denken" anzuleiten. Bedauerlicherweise akzeptieren viele Bürger dieses "freundliche" Angebot.

Deswegen mein dringender Rat an dich: Sei nicht wie das „Hausvieh" – benutze deinen eigenen Verstand und fange an selbst zu denken. Die Verantwortung für dein eigenes Schicksal, für dein eigenes Handeln und Unterlassen liegt ohnehin ganz unteilbar bei dir selbst - ob du es nun wahrhaben willst oder nicht! Niemand kann dir diese Verantwortung abnehmen. Bedenke stets diesen Grundsatz und mache ihn dir ganz zu Eigen:

„Du wurdest nicht geboren, um dein Schicksal in die Hände von Sadisten, Betrügern, Lügnern und Machtmenschen zu legen, die aus dir ein willenloses Element ihres Herrschaftswahns machen wollen. Was du bist oder werden willst, entscheidest du, nicht sie. Du wurdest geboren um deine Freiheit, deine Selbstachtung und dein angeborenes Recht auf ein von dir gewähltes Leben wahrzunehmen und zu verteidigen. "

Es ist unser aller Bestimmung, unseren jeweiligen Lebensaufgaben gerecht zu werden und ein erfülltes und glückliches Leben nach unseren eigenen Vorstellungen zu führen. Es ist nicht unser Lebenszweck, ein fremdbestimmtes Leben nach den Vorgaben anderer Menschen zu führen.

Sei kein Opfer – erstelle dir einen mentalen Schutzschirm

In der einen oder anderen Weise spielen wir alle die verschiedensten Rollen auf der Bühne des Weltgeschehens. Sei es als Eltern oder Kinder, Lehrer oder Schüler, Arbeitgeber oder Arbeitnehmer, Händler oder Käufer, Dienstleister oder Kunde, Arzt oder Patient, Täter oder Opfer. Die von mir gewählten Beispiele zeigen sehr deutlich die wesentliche Eigenart auf, die diese Gruppen im Kern gemeinsam haben. Sie bedingen einander, denn den einen gibt es nicht ohne den anderen. Wenn es keinen Lehrer gibt, dann gibt es auch keine Schüler. Es mag sein, dass es in diesem Fall noch Lernwillige gibt, aber sie werden nicht zu Schülern, wenn kein Lehrer da. Umgekehrt gilt dasselbe. Ein Lehrer kann seine Tätigkeit nicht ausüben, wenn er keine Schüler hat, die er unterrichten könnte.

Unter all diesen Rollen sticht allerdings eine ganz besonders hervor - die Opferrolle. Im Allgemeinen wird ein Opfer als eine Person betrachtet, der ein Unrecht zugefügt wurde, an dem das Opfer keine eigene Schuld hat und für die es auch keine Verantwortung tragen muss. Das Opfer ist aus der Sicht vieler Menschen etwas völlig Unschuldiges, dem aus diesem Grund auch reichlich Zuwendung, Mitleid und Hilfe zuteil wird. Dieser Umstand verführt bisweilen einige Menschen dazu, sich in diese Rolle zu flüchten, um die damit verbundenen Vorteile in Anspruch zu nehmen. Ich denke, bis zu einem gewissen Grad hat das vermutlich jeder von uns schon einmal gemacht, und sei es auch nur, um das warmherzige Bedauern von mitfühlenden Angehörigen zu bekommen, als man vielleicht einmal krank war, oder nachdem man einen wie auch immer gearteten Schaden erlitten hatte.

Von diesen oberflächlichen Vorteilen einmal abgesehen, ist die „Opferrolle" grundsätzlich nicht erstrebenswert, denn dem Opfer widerfahren Dinge, die es weder bewusst wollte, noch willentlich angestrebt hatte, zumal solche Ereignisse meistens sehr viel Schmerz, Leid und Verluste mit sich führen.

Inzwischen befasst sich auch die Wissenschaft mit der Opferrolle. Sie betreibt Opferforschung, offiziell „Viktimologie" genannt, (von lat. victima, „Opfer"). Hierbei handelt es sich um eine Teildisziplin der Kriminologie, die sich mit den Opfern von Straftaten befasst. Forschungsgegenstand sind vor allem die Persönlichkeitsstrukturen der Opfer, sowie die Untersuchung der Prozesse, die dazu führen, dass jemand zum Opfer einer Straftat wird.

Was von den forschenden Experten bedauerlicherweise dabei nicht beachtet wird, obwohl gerade dieser Umstand sehr schnell zu brauchbaren Ergebnissen führen würde, ist das bereits mehrfach benannte Prinzip „Dir geschieht nach deinem Glauben", denn es ist auch in diesen Fällen die Grundlage aller Ereignisse.

Dieses ewiggültige Prinzip führt in der Konsequenz dazu, dass es keine Zufälle gibt, denn das, was einem jeden Menschen auf dieser Welt widerfährt, ist stets das Ergebnis der eigenen Glaubenssätze, die der individuelle Mensch für wahr und richtig hält. Diese Glaubenssätze, egal wie gut oder schlecht sie auch sein mögen, werden vom eigenen „Inneren Selbst" eines jeden Menschen in die Realität umgesetzt. Das gehört zum Lehrprogramm, dem wir allesamt unterworfen sind und aus dem es für niemanden ein Entrinnen gibt.

Wenn du hartnäckig daran glaubst, dass die Menschen und die gesamte Welt nur böse, schlecht und gewalttätig sind, dann siehst du die Welt nicht nur durch diese extrem verengte Brille, sondern du erlebst und erfährst es in deiner Außenwelt auch so! Die Erfahrungen mit den Menschen und der Welt werden dir beweisen, dass du Recht hast mit diesen destruktiven Ansichten. Du wirst vor allem jene Menschen in deine Erfahrungswelt hineinziehen, die deine Ansichten teilen und die bereit sind Schlechtes zu tun, gegebenenfalls auch gegen dich gerichtet.

Diese gegenseitige „Anziehung" aufgrund desselben destruktiven Denkens und der gleichartigen Glaubenssätze gibt dem Täter natürlich nicht das Recht, eine Straftat zu begehen. Er hat kriminelle Taten zu unterlassen und sich eventuellen destruktiven Handlungsimpulsen zu widersetzen. Es ist seine Pflicht, solche aufkommenden Impulse in seinem Inneren zu hinterfragen und zu neutralisieren, statt ihnen nachzugeben. Dies gilt im Besonderen für alle Gewaltakte, denn für Gewalttaten gibt es niemals eine Rechtfertigung. Ich hoffe, ich konnte mit dieser Beschreibung deutlich machen, wie jemand überhaupt in eine Opferrolle gelangt. Keinesfalls will ich den Opfern damit eine Mitschuld zusprechen.

Willst du solche schlechten Erfahrungen vermeiden, gibt es nur einen einzigen gangbaren Weg für dich, dieses Ziel zu erreichen. Du musst dein bewusstes Denken und deine Glaubenssätze ändern, du musst zielführend genau das Erwünschte denken und glauben, und nicht einfach nur ablehnen oder negieren, was du nicht willst. Zum einen ist es deshalb ratsam, dass du dir eine positive und wohlwollende Einstellung zu deinen Mitmenschen zulegst, zum anderen solltest du dir Glaubenssätze aneignen, die dir einen mentalen Schutz vor solchen Erfahrungen bieten. Das ist durchaus kein blödsinniger Hokuspokus, wie manche Menschen vielleicht einwenden mögen. Solche mentalen „Schutzschilde" werden bereits seit Tausenden von Jahren in der Bibel empfohlen. Sie entsprechen heute vielleicht nicht dem zur Zeit üblichen Sprachstil, aber ihre inhaltlichen Aussagen sind dennoch unmissverständlich und zeitlos, wie man z. B. an Psalm 91 feststellen kann, der die Gläubigen auffordert, sich unter den „Schutz des Höchsten" zu stellen. Der Psalm fordert dazu auf, diese Texte durch Denken und Glauben zu eigenen Glaubenssätzen zu machen. Hier ist der Wortlaut des Psalms „Geborgen unter dem Schutz Gottes":

1. *Wer unter dem Schutz des Höchsten wohnt, darf bleiben im Schatten des Allmächtigen.*
2. *Darum sage ich zum Herrn: Du bist meine Zuflucht und meine sichere Festung, du bist mein Gott, auf den ich vertraue.*
3. *Ja, er rettet dich wie einen Vogel aus dem Netz des Vogelfängers, er bewahrt dich vor der tödlichen Pest.*
4. *Er deckt dich schützend mit seinen Schwingen, unter seinen Flügeln findest du Geborgenheit. Seine Treue gibt dir Deckung, sie ist dein Schild, der dich schützt.*
5. *Du brauchst dich nicht zu fürchten vor dem Schrecken der Nacht oder vor den Pfeilen, die am Tag abgeschossen werden,*
6. *nicht vor der Pest, die im Finstern umgeht, nicht vor der Seuche, die mitten am Tag wütet.*
7. *Selbst wenn Tausend neben dir fallen, gar Zehntausend zu deiner Rechten – dich trifft es nicht!*

8. *Aber anschauen wirst du es mit eigenen Augen, du wirst sehen, wie die Feinde Gottes ihre gerechte Strafe bekommen.*
9. *Denn du hast gesagt: „Der Herr ist meine Zuflucht!" Den Höchsten hast du zum Schutz dir erwählt.*
10. *So wird dir kein Unglück zustoßen, und kein Schicksalsschlag wird dich in deinem Zuhause treffen.*
11. *Denn er hat für dich seine Engel entsandt und ihnen befohlen, dich zu behüten auf all deinen Wegen.*
12. *Sie werden dich auf Händen tragen, damit du mit Deinem Fuß nicht an einen Stein stößt.*

Das Versprechen dieses Bibeltextes ist sehr eindeutig. Glaubst du, dass Gott dich schützt, dann bist du in Sicherheit, selbst wenn in einem Kriegsgeschehen Tausende zu deiner Rechten fallen, trifft es dich nicht! Es wird dir kein Unglück zustoßen, und kein Schicksalsschlag wird dich treffen, denn dir geschieht nach diesem Glauben!

Wenn du diese biblischen Versprechen für dich akzeptierst und verinnerlichst, dann ist dieser Vorgang bei genauer Betrachtung wieder nur ein Akt des bewussten Denkens, der im Weiteren dazu führt, dass du dir diese göttlichen Zusagen zu eigenen Glaubenssätze machst. Da du nun kein Unheil mehr befürchten musst, entfällt natürlich auch die Notwendigkeit, dir Gedanken darüber zu machen, was dir alles an Schlechtem passieren könnte. Nimmst du den Psalm ernst und machst ihn zum Zentrum deines bewussten Denkens, dann verändert sich deine Gedankenwelt nachhaltig zum Guten für dich. Das war offenbar auch die Absicht des unbekannten Verfassers. Heute formuliert man diesen mentalen Schutz ein wenig anders. Beispielsweise so:

„Ich habe einen Schutzengel, der mich vor allem Bösen schützt.

Mir widerfährt kein Unheil, für mich geschieht Gutes"

Oder so:

„Mein Inneres Selbst erschafft meine ganze persönliche Realität.
Mein Inneres Selbst bewahrt mich vor allen körperlichen, geistigen
und materiellen Schäden."

Oder wenn man viel mit dem Auto unterwegs ist:

„Mein Inneres Selbst erschafft meine ganze persönliche Realität.
Mein Inneres Selbst behütet und beschützt mich auf all meinen
Wegen und führt mich stets sicher an mein jeweiliges Ziel."

Oder auch mit diesen Worten:

„Ich entkomme jeder Falle, jeder Gefahr und jeder Katastrophe –
dafür sorgt mein Inneres Selbst, das meine ganze Realität und mei-
ne Lebenserfahrungen erschafft!"

Diese Glaubenssätze oder ähnliche solltest du dir als ganz grundsätzliche Überzeugungen aneignen. Sie werden sich in deinem Schicksal positiv
auswirken und Schlechtes von dir fernhalten. Du wirst merken, dass es
mit diesen Einstellungen für dich wesentlich einfacher geworden ist, andere Menschen auf Anhieb richtig einzuordnen, denn dein „Inneres Selbst"
wird dich vor Menschen mit bösen Absichten warnen!

Vergiss nicht, auch diese Suggestionen komplett so aufzubauen, wie ich
es in "Wie du dir neue Glaubenssätze einsuggerierst" beschrieben habe.

Sei kein Opfer – ändere dich selbst

Du kannst aber noch viel mehr für dich tun, um kein Opfer zu werden. Du kannst deine Charaktereigenschaften ändern, das heißt, du änderst deine Glaubenssätze über dich selbst. Das mag sich vielleicht sehr ungewöhnlich anhören, ist aber bei genauer Betrachtung ein absolut gangbarer Weg. Und vor allem auch der einzige Weg. Denn wer wir sind und wie wir sind, sind keine in Stein gemeißelten letzten Gewissheiten. Wir wurden zwar als individuelle Persönlichkeiten mit bestimmten Charaktereigenschaften geboren, aber in uns allen steckt auch die Möglichkeit zur Veränderung unseres Naturells. Jedem von uns ist es gegeben, aus eigenem Antrieb einen Persönlichkeitswandel zu vollziehen, denn der Charakter, die Eigenschaften und die Persönlichkeitsmerkmale, die ein Mensch hat, sind nicht durch die Gene vorgegeben. Sie sind Eigenschaften des unsterblichen Bewusstseins und wurden gewählt, um bestimmte Erfahrungen zu machen. Und sie sind veränderlich!

Ja, du kannst dich ändern, liebe Leserin und lieber Leser. Du hast die Möglichkeit, individuelle Schwächen zu überwinden und stattdessen die von dir gewünschten Stärken zu entwickeln. Das ist nicht einmal sonderlich schwierig, denn, wie bereits gesagt, du musst zu diesem Zweck nur deine Glaubenssätze über dich selbst modifizieren. Du musst lediglich anders über dich selbst denken. Du brauchst nur zu verstehen, dass deine bisherigen Ansichten über dich nie etwas anderes waren als bloße Überzeugungen, lediglich Vermutungen und Annahmen – und nicht mehr! Auch wenn du dich selbst nie anders erfahren hast, als so wie du dich heute kennst, ist die Ursache dafür nur in deinen akzeptierten Glaubenssätzen zu suchen. Du kannst ganz problemlos alle Opfer-typischen Eigenschaften, wie z. B. mangelndes Selbstwertgefühl, Schüchternheit, Geringschätzung der eigenen Interessen, fehlenden Selbstbehauptungswillen usw. wieder loswerden.

Solche untauglichen Glaubenssätze können unter Umständen noch aus der Kindheit stammen, wo sie von unwissenden oder verantwortungslosen Eltern in die Köpfe leichtgläubiger Kinder gepflanzt wurden. Ich selbst hatte von meinen Eltern ein ganzes Bündel solcher untauglichen Glaubenssätze mitbekommen, die mir viele Jahre meines Lebens schwer zu schaffen gemacht hatten. Es wäre mir sehr viel Unglück und Leid erspart geblieben, wenn meine Eltern mich stattdessen positiv beeinflusst und geprägt hätten, oder wenn ich die Veränderbarkeit solcher Glaubenssätze früher gekannt hätte.

Nun, ich habe daraus gelernt. Alle destruktiven früheren Glaubenssätze über mich selbst habe ich schon lange aus meinem Bewusstsein gelöscht. Ich kann dir nur empfehlen, es ebenso zu handhaben, wenn dir nicht gefällt, wie du jetzt bist! Die wichtigste Regel ist auch hier, du musst zielführend das Erwünschte über dich selbst denken und glauben. Das bedeutet, dass du deine bisherigen Schwächen nicht bekämpfst, sondern dass du dich auf das Gegenteil konzentrierst und fortan nur das Erwünschte denkst und glaubst. Solltest du unter Minderwertigkeitsgefühlen leiden, könntest du solche Komplexe sehr schnell mit den nachfolgenden Glaubenssätzen überwinden:

„Ich bin ein Teil des lebendigen Gottes, deshalb bin auch ich wichtig. Mein Leben ist wichtig. Ich bin ein wertvoller Mensch – ganz

unabhängig von meiner Vergangenheit, meinem sozialen Status, meinen Äußerlichkeiten und meinem Besitz."

„Ich bin eine einmalige, individuelle und unverwechselbare Persönlichkeit."

„Ich habe einen guten Charakter. Ich bin ganz ich selbst."

„Ich bin großartig und wunderbar. Ich bin authentisch"

„Ich ruhe ganz in mir selbst, heute wirft mich nichts mehr aus der Bahn."

„Ich bin selbstbewusst und selbstsicher in jeder Situation."

„Ich bin eine starke und stabile Persönlichkeit, ich meistere alle Herausforderungen meines Lebens zu meiner vollsten Zufriedenheit."

„Ich bin ein wertvolles, nützliches und anerkanntes Mitglied der Gesellschaft."

„Ich bin es wert, geachtet, respektiert und geliebt zu werden."

„Ich liebe und akzeptiere mich so wie ich bin, auch wenn ich vielleicht noch nicht so bin, wie ich sein möchte."

„Meine Seele, mein Bewusstsein ist liebenswert und strahlt aus mir heraus."

„Ich bekomme vom Schicksal nie mehr aufgebürdet, als ich tragen kann."

„Ich glaube an mich selbst, an meine eigene innere Stärke. Ich bin voller Vertrauen in mich selbst."

Dies ist nur eine Handvoll ausgesuchter Beispiele. Akzeptierst du diese Gedanken und suggerierst sie dir selbst ein, wirst du sehr schnell die Wirkung spüren und schon bald ein anderer Mensch sein. Bedenke immer, du wirst zu dem, was du über dich selbst denkst! Denke deshalb jederzeit gut über dich selbst. Akzeptiere dich und behandle dich selbst stets respektvoll, denn du bist ein einmaliger individueller Ausdruck der göttlichen Schöpferkraft. Dasselbe sagte rund 500 Jahre vor Jesus auch schon Buddha, den ich hier zitiere:

„Wir sind, was wir denken. Alles, was wir sind, entsteht aus unseren Gedanken. Mit unseren Gedanken formen wir die Welt. Wir sind alle nur ein Resultat dessen, was wir gedacht haben. Das, was du heute denkst, wirst du morgen sein ..."

Ein Leben in Freiheit und Selbstbestimmung und die Opferrolle passen in keiner Weise zusammen. Du solltest dich bewusst entscheiden, was du sein willst, entweder ein willenloses Opfer oder selbstbestimmter Schöpfer der eigenen guten Lebenserfahrungen. Zum Opfer-typischen Verhalten gehört oft auch die Vernachlässigung der eigenen Wünsche. Auch hier bedarf es bei manchen Menschen einer Korrektur der dahinter steckenden Glaubenssätze. Hier sind ein paar Beispiele wie du besser denken könntest:

„Ich habe jetzt einen gesunden Egoismus, der auf der Erkenntnis beruht, dass jeder Mensch seine eigenen Lebenserfahrungen erschafft. Und ich erschaffe mir die guten Erfahrungen, die ich selbst machen möchte. Das erlaube ich mir jetzt."

„Ich habe ein Recht auf mein eigenes Glück und die Erfüllung meiner Wünsche."

„Mein eigenes Leben erfolgreich zu meistern, ist mir wichtiger als für andere Menschen irgendwelche destruktiven Rollen zu spielen."

„Ich mache das Beste aus mir selbst und meinem eigenen Leben – egal, ob es anderen gefällt oder nicht."

„Ich akzeptiere mein Bedürfnis, mein Leben nach meinen eigenen Vorstellungen und Ansprüchen frei zu gestalten."

„Ich befreie mich aus allen Rollen und Beziehungen, die mich an meinem Glück und an meiner Lebenserfüllung hindern."

„Mein Leben gehört mir selbst und ich folge meiner inneren Führung."

„Ich tauge nicht zum Opfer, mein Leben gehört mir allein und ich bringe es kreativ und schöpferisch zum Ausdruck."

„Ich glaube an die Kraft meines Bewusstseins und erschaffe mit meinen Gedanken und Gefühlen meine Realität. Ich erschaffe mir jetzt die Realität, die mich glücklich macht."

Nun sind deine eigenen Gedanken keinesfalls in deinem Kopf eingeschlossen, wie manche Unwissende glauben, sondern sie sind auch stets telepathische Botschaften an alle anderen Menschen, die es angeht. Auch diesen Umstand solltest du nutzen, um dein Selbstbewusstsein zu stärken. Wenn du dir überhaupt Gedanken darüber machst, was andere Menschen über dich denken könnten, dann solltest du auch diese Vermutungen positiv gestalten. Statt beispielsweise zu denken *„Die finden mich alle bescheuert"*, ist es klüger zu glauben *„Die Menschen mögen mich und akzeptieren mich so wie ich bin"*. Du wirst solche Menschen in dein Leben ziehen und von ihnen auch so wahrgenommen, wie du glaubst, sofern dein weiteres Verhalten diesem Eindruck nicht deutlich widerspricht. Weitere gute Glaubenssätze zur Vermeidung schlechter Erfahrungen und zur Erschaffung von guten Ereignissen sind beispielsweise

„Ich werde geliebt. Das Leben ist gut zu mir. "

„Ich befinde mich in einem Zustand des Glücks und der Freude, ich bekomme Liebe und Anerkennung. Ich habe überall Freunde, egal wo ich auch bin. "

„Mir widerfahren immer wieder ganz wundervolle Dinge. "

Grundsätzlich sollten alle deine Glaubenssätze über dich selbst immer positiv sein. Zum einen nimmst du damit massiven Einfluss auf dein Gefühlsleben, das sich dann in einem wohltuenden Bereich befindet, zum anderen wirst du zu dem, was du von dir denkst. Von ganz besonderer Wichtigkeit sind deine direkten Gefühle zu dir selbst. Menschen ohne Respekt und Liebe zu sich selbst, sind auch unfähig andere Menschen zu respektieren und zu lieben. Es ist deshalb erforderlich, dass du dich selbst liebst und respektierst, so wie du bist, auch wenn dir möglicherweise einiges an dir nicht gefällt. Hier solltest du überprüfen, ob du überhaupt die richtigen Maßstäbe an dich selbst anlegst. Solltest du für dich und deine Persönlichkeit Perfektion anstreben, hast du dir bereits eine ausweglose Falle aufgebaut. Du wirst immer hinter deinen eigenen Erwartungen zurückbleiben, denn die perfekte Persönlichkeit gibt es nicht und wird es auch niemals geben. Im Vergleich zu anderen wirst du immer wieder Unzulänglichkeiten an dir entdecken, weil andere Menschen Stärken oder Eigenschaften haben, die dir eventuell fehlen. Als Folge solcher überzogenen Erwartungen wirst du dich fortwährend für unzulänglich halten, was wiederum dein Selbstwertgefühl untergräbt und letztlich zerstört.

Du tust dir selbst einen großen Gefallen, wenn du dich so akzeptierst und liebst, wie du bist, selbst dann, wenn es noch Bereiche gibt, mit denen du nicht zufrieden bist. Sage deshalb immer wieder zu dir selbst:

„Ich liebe mich, ich mag mich, ich akzeptiere mich und respektiere mich – Auch wenn ich noch nicht so bin, wie ich vielleicht sein sollte!"

Happiness – das eigene Leben glücklich gestalten

Happiness bzw. Lebensfreude ist das subjektive Empfinden der Freude am eigenen Leben und damit ein wünschenswerter Zustand, den wohl alle Menschen anstreben. Was allerdings im Detail für das einzelne Individuum zu einem glücklichen Leben gehört, ist vermutlich so vielfältig, wie es Menschen auf der Erde gibt. Es lässt sich für das Glück keine allgemeingültige Regel aufstellen, dazu sind die individuellen Ziele, Ansprüche, Erwartungen und Wünsche der Menschen viel zu verschieden. Wie jedoch die Ergebnisse von wissenschaftlichen Forschungen zu diesem Thema gezeigt haben, gibt es ein paar Voraussetzungen, die vorhanden sein müssen, um zu einem erfüllten Leben zu gelangen.

Zweifellos gilt aber dieses: Lebensfreude zu empfinden, lässt sich erlernen. Sie ist nicht notwendigerweise nur von den äußeren Gegebenheiten abhängig, sondern sie ist im hohen Maße auch eine Frage der eigenen inneren Einstellungen, also eine Frage des entsprechenden Denkens sowie der Auswahl geeigneter Glaubenssätze. Mache dir in diesem Zusammenhang immer wieder bewusst, dass du mit deinen Gedanken und deinen Glaubenssätzen deine persönliche Realität samt allen äußeren Erfahrungen erschaffst. Wenn du dir vernünftige und erreichbare Ziele setzt, werden sich deine individuellen Wünsche und Erwartungen mit Sicherheit erfüllen. Das ist ein Grundsatz, den du getrost akzeptieren kannst und der dich zuversichtlich stimmen sollte.

Passe deine Betrachtungen und Bewertungen, die du dir im Laufe des Tages über äußere Umstände gedanklich machst, so an, dass sie in dir gute Gefühle der Zufriedenheit erzeugen. Das ist einfacher als du denkst, denn welche Gefühle du empfindest, bestimmst du vor allem über die bewusste Auswahl deiner Gedanken.

Gelassenheit und innere Ruhe erlangst du vor allem, wenn du dich nicht mehr über Dinge aufregst, die du nicht ändern kannst. Alles, was sich ausserhalb deiner Möglichkeiten befindet, es verändern zu können, solltest du lernen hinzunehmen. Konzentriere dich darauf, nur solche Dinge verändern zu wollen, die du auch wirklich ändern kannst. Kannst du Dinge nicht ändern, dann ändere deine Einstellung zu ihnen. Das bedeutet keineswegs, dass du vor Herausforderungen kneifst, vielmehr lernst du auf diese Weise, deine Energien konstruktiv und effektiv einzusetzen, statt sie sinnlos zu verschwenden. Ich möchte es dir an einem Beispiel erläutern, welches mir selbst immer zum Trainieren meiner Gelassenheit dient.

Beim Autofahren komme ich gerne zügig voran, Behinderungen und Staus mag ich nicht. Ich fahre auch gerne in dem jeweils erlaubten Tempo. Leider ist das nicht immer möglich, denn ich wohne in einer Region, wo andere Leute Urlaub machen. Die Folge ist, dass besonders in den Sommermonaten auf den Straßen sehr viele langsam fahrende Touristen unterwegs sind, die das zügige Fahren für uns Einheimische behindern. Wegen der kurvenreichen Streckenführungen ist das Überholen nur selten möglich. Auch wenn ich es mal sehr eilig habe, bleibt mir dann nur die Möglichkeit des langsamen Hinterherfahrens. Diese Situation mag ich gar nicht. Früher habe ich mich darüber heftig geärgert. Weil ich aber jedes Mal einsehen musste, dass mir der Ärger nicht weiter hilft und er mich auch nicht schneller ans Ziel bringt, habe ich mich zum Umdenken erzogen.

Heute konzentriere ich mich dann einfach auf den Gedanken, dass es ein schönes Wohnen in dieser Gegend ist. Oder, wenn die Sonne scheint, freue ich mich ganz bewusst über das schöne Wetter und genieße es. Auf jeden Fall steigere ich mich nicht mehr in Ärger hinein, sondern richte meine Aufmerksamkeit bewusst auf etwas Positives. Daraus resultiert dann sehr bald ein schönes Gefühl von Zufriedenheit, das sich in mir einstellt. Ich versichere dir: Es liegt wirklich nur an uns selbst, an unseren inneren Einstellungen, ob wir Lebensfreude empfinden oder nicht.

Als eine der wichtigsten Voraussetzungen zum Glücksempfinden erweist sich immer wieder die Fähigkeit, einfach mal zufrieden sein zu können, denn praktisch ist Zufriedenheit die Königsdisziplin der Lebensfreude. Das Empfinden von Zufriedenheit ist, wie vieles andere auch, wiederum nur eine Frage deiner eigenen inneren Einstellung. Sie stellt sich ein, wenn du dich an deinen persönlichen Bedürfnissen orientierst, und dich um die Erfüllung deiner eigenen Wünsche kümmerst. Dazu gehört natürlich ein gesunder Egoismus. Bedenke aber, dass du nicht alles haben kannst. Du musst eine wohlüberlegte Auswahl treffen und dich auf das konzentrieren, was wirklich wichtig für dich ist.

Vermeide es, neidisch auf andere zu sein. Wenn du Neid und Missgunst auf den Besitz oder die Eigenschaften anderer empfindest, zerstörst du damit deine eigene Zufriedenheit. Du bist nicht mehr in der Lage, zu genießen, was du selbst besitzt. Das ständige Vergleichen mit anderen führt letztlich zu Frust, Wut, Hass und Minderwertigkeitsgefühlen. Denn bei ehrlicher Betrachtung muss ein Neider einräumen, dass seine Gedankenwelt etwa so aussieht: „Der oder die hat etwas, was ich nicht habe und auch nicht haben kann." Wie du inzwischen weißt, sind dieses in sich widersprüchliche Glaubenssätze, die der eigenen möglichen Wunscherfüllung im Wege stehen, weil der Gedanke zugleich ausdrückt, dass man die beneideten Dinge selbst nicht bekommen kann.

Besser ist es deshalb, du gönnst den anderen ihre Erfolge, oder was auch immer, und stellst dir selbst die Frage, ob du wirklich auch alles haben musst, was den anderen zu Eigen ist. Wenn die Antwort auf diese Frage ein JA ist, dann mache dich mit dem Gedanken „Das kann ich auch" oder „Das ist auch mir möglich" an die Arbeit der Verwirklichung. Aber sinnvoller ist es allemal, wenn du dich nicht an anderen Menschen orientierst, sondern deine großen und kleinen Ziele selbst definierst, diese im Auge behältst und sie verwirklichst.

Eine weitere Voraussetzung für die eigene Zufriedenheit ist es, authentisch zu sein. Verbiege dich nicht, um anderen zu gefallen, sondern sei

174

immer ganz du selbst und versuche nie, die Kopie eines anderen zu sein. In Wirklichkeit bist du eine einmalige, individuelle und unverwechselbare Persönlichkeit. Niemand sonst ist so wie du. Das macht dich ganz einzigartig. Sei echt, zeige dich so, wie du wirklich bist und trage keine Maske. Zeige deine wahren Gefühle. Gehe deinen eigenen Weg, lebe dein eigenes Leben und vertrete deine eigenen Ansichten. Triff deine Entscheidungen aus eigenen Motiven heraus und nicht, um Zuspruch von anderen Leuten zu bekommen. Lerne „Nein" zu sagen, wenn du etwas nicht willst, und „Ja" zu sagen, wenn du etwas gut findest, auch wenn Andere nicht deiner Meinung sind. Mache dich völlig unabhängig von den Meinungen anderer Menschen. Sei ehrlich zu dir selbst und stehe zu dir mit allen Fehlern und Schwächen! Habe auch keine Angst davor, einen Fehler zuzugeben.

Umgebe dich mit Gleichgesinnten, suche dir Freunde die zu dir passen. Gute Freunde, die auch in Notlagen für dich da sind, sind wertvoller als Bekanntschaften aus der sogenannten „besseren Gesellschaft", mit denen manche Leute nur Umgang haben, um so ihr Selbstbewusstsein aufzupolieren. Baue dir lieber einen Kreis aus ausgewählten Familienangehörigen und Freunden auf, wo du Liebe, Fürsorge und echtes Interesse findest. In dieser „Framily" wirst du dich wohlfühlen und so akzeptiert werden, wie du wirklich bist.

Deine Arbeit solltest du als einen Teil deiner Selbstverwirklichung verstehen und nicht als pure Pflichterfüllung. Sie ist sogenannte „Qualitytime", die einen großen Teil deiner gesamten Lebenszeit ausmacht. Diese Zeit solltest du nicht vergeuden mit Ärger, Frust und Enttäuschungen. Habe den Mut zu einem Wechsel, wenn es erforderlich werden sollte. Suche dir einen Job, den du mit Begeisterung ausführen kannst. Versuche immer, dein Bestes zu geben, denn Erfolgserlebnisse steigern dein Selbstbewusst-sein, auch die kleinsten. Betrachte deine Kollegen als Freunde und nicht als Gegner. Sobald du deine Arbeit als sinnvoll und motivierend empfindest, steigert sie deine Zufriedenheit.

Denke nach und wechsle gelegentlich mal die Perspektive. Betrachte wichtige Dinge einfach mal aus einem völlig anderen Blickwinkel heraus. Das hilft dir, komplizierte Angelegenheiten besser zu verstehen. Diese Methode des „Reframing" trägt zu mehr Gelassenheit bei und erleichtert oftmals das Erreichen wichtiger Ziele.

Ein weiterer Baustein auf dem Weg zu mehr Zufriedenheit ist die Bereitschaft auch Fehler in Kauf zu nehmen. Wenn du etwas Neues wagst, darfst du keine Angst vor Fehlern haben. Niemand von uns geht durchs Leben, ohne jemals einen Fehler zu machen. Überlege dir am besten vorher, was im schlimmsten Fall geschehen kann, wenn du z. B. ein neues Projekt beginnst oder eine neue Beziehung eingehst. Meistens sind selbst die schlimmsten denkbaren Auswirkungen keinesfalls so düster, dass sie ein Unterlassen wirklich begründen können. Nicht umsonst sagt ein altes Sprichwort „Nur wer wagt, gewinnt". Die Angst Fehler zu machen, kann dich von deinem Lebensglück fernhalten. Deshalb solltest du ruhig mal etwas riskieren. Viele nützliche Entwicklungen sind erst durch „Trial and Error" entstanden. Sei aber immer bereit, aus Fehlern zu lernen. So kommst du voran und wirst reifer, klüger und zufriedener.

Genieße deine Freizeit. Erlaube es dir, auch mal richtig faul zu sein, ohne irgendetwas zu tun. Freizeit ist „freie Zeit", sie muss nicht zwingend mit Aktivitäten gefüllt werden, sie dient vor allem der Regeneration. Mache dir keinen Stress. Lege dich auf die Couch, höre Musik, träume, schlafe oder lese ein Buch. Verwechsle deine Freizeitgestaltung nicht mit Selbstoptimierung! Halte eine Balance zwischen Aktivität und Regeneration.

Zu guter Letzt möchte ich an dieser Stelle noch einmal auf die Wichtigkeit des Loslassens hinweisen. Diese Fähigkeit solltest du trainieren, bis du sie wirklich gut beherrschst. Sie ist nämlich eine Schlüsselfunktion für die Lebensfreude, weil sie in einem hohen Maße Einfluss nimmt auf Ruhe, Gelassenheit und innere Zufriedenheit. Lerne ganz bewusst, vollkommen in der Gegenwart zu leben. Genieße den heutigen Tag! Genieße den Moment! Vermeide das sorgenvolle Nachdenken über die Zukunft und das Grübeln über Vergangenes. Sei optimistisch! Überlasse die Erschaffung deiner Lebenserfahrungen vertrauensvoll deinem „Inneren Selbst". Kümmere dich lieber vorrangig um eine positive Lebenseinstellung voller guter Glaubenssätze. Lebe in der freudigen Erwartung, dass dir das Leben noch viele wunderbare Erfahrungen schenkt!

Mit den richtigen Gedanken zum Erfolg

Gedanken sind keinesfalls im Kopf eingeschlossen, wie sich die meisten Menschen mit großer Entschiedenheit sicher sind. Die Reichweite und Wirkung der Gedanken geht weit über das hinaus, was allgemein angenommen wird. Dem materialistischen Weltbild zufolge sind Gedanken das Produkt unserer Gehirnzellen, von denen ein Mensch schätzungsweise etwa 100 Milliarden bis eine Billion hat. Gedanken bewegen sich entsprechend dieser Betrachtung lediglich als bioelektrische Kräfte in diesem abgegrenzten Zellverbund. Verlassen können sie unseren Körper nicht, denn sie sind dieser Ansicht nach beschränkt auf den Raum, den die für das Denken zuständigen Zellen in unserem Körper einnehmen. Für die materielle Weltanschauung kann es deshalb logischerweise keine außersinnlichen Wahrnehmungen, Telepathie oder sonstige Gedankenübertragungen geben. Berichte über solche Phänomene werden von den Anhängern dieser Denkweise darum gerne als Halluzinationen und Spinnereien abgetan.

Nun ist aber dieses weit verbreitete Weltbild grundsätzlich falsch, denn das Bewusstsein erschafft die Materie. Die gesamte Schöpfung besteht nur aus dem Geist Gottes, sie ist eine Manifestation seiner Gedanken. Die Schöpfung entstand aus der Vorstellungskraft und den Gedanken dieses allumfassenden Schöpfergeistes, aus dessen unendlicher Energie zugleich alle Atome des gesamten Universums gebildet werden. Somit ist das Universum vor allem ein Gedankenkonstrukt und der dahinter steckende Geist ist der Ursprung von allem, was da ist. Von diesem Schöpfergeist, der „Alles das ist, was da ist", sind wir Menschen individualisierte Teile. Folglich sind wir alle von unserem Wesen her zuerst einmal reines Bewusstsein. Und zwar ein Bewusstsein, das intelligent ist, das sich seiner selbst bewusst ist, mit anderen Bewusstseinseinheiten kommunizieren kann und unsterblich ist. Aber das ist noch nicht alles.

Weil wir als Teile Gottes in der Konsequenz genauso Bewusstsein sind, wie Gott als Gesamtes, ist unsere Fähigkeit, Gedanken zu entwickeln deshalb eine Fähigkeit unseres unsterblichen Geistes, und nicht, wie es den oberflächlichen Anschein hat, lediglich eine zufällig entstandene Eigenschaft unseres physischen Körpers. Wie Gottes allumfassendes Bewusstsein, welches das unendlich große Universum aus sich selbst heraus erschaffen hat, so ist auch unser individuelles Bewusstsein mit derselben

Fähigkeit ausgestattet, Gedanken entwickeln zu können. Als Teile des Ganzen haben wir dieselben charakteristischen Merkmale wie das Ganze.

Ich möchte das mit einem Beispiel verdeutlichen. Entnehmen wir dem Ozean einen Tropfen Wasser und analysieren seine physikalischen Merkmale, so werden wir feststellen, dass dieser eine Tropfen genau dieselben Eigenschaften hat, wie das gesamte, riesengroße Meer. Selbst wenn wir diesen einen Tropfen dann noch bis zum letzten Molekül zerlegen, bleibt diese Tatsache bestehen: Auch dieses eine Molekül als kleinste Einheit des Stoffes hat immer noch dieselben charakteristischen Merkmale. Wie eine größere Wassermenge kann sich auch das einzelne Molekül noch in Dampf oder Eis verwandeln. Genauso verhält es sich mit unserem Bewusstsein. Wir sind als Teile Gottes unserem Wesen nach genauso wie Gott selbst.

Alle augenscheinlichen Trennungen zwischen den Menschen, Tieren und Pflanzen sind deshalb rein psychologischer Natur, zumal alles, was existiert, eingebettet und umhüllt ist vom Bewusstsein des allumfassenden Schöpfergeistes, in dem wir alle leben. Auf der reinen Bewusstseinsebene ist somit alles mit allem verbunden.

Es ist daher irrig anzunehmen, Gedanken könnten nicht über die Grenzen unseres materiellen Körpers hinaus wirken. Fakt ist, mit unseren täglichen Gedanken beeinflussen wir mehr oder weniger stark auch andere Menschen. Wie weit diese Beeinflussung im Einzelfall geht, hängt vor allem von der Empfänglichkeit und Abgrenzung des Individuums ab. Kinder, sowie junge und labile Menschen sind beeinflussbarer als reife Erwachsene. Aber eines ist sicher, Phänomene wie außersinnliche Wahrnehmungen und Gedankenübertragungen sind völlig normal. In Anbetracht der realen Bedingungen unseres Universums wäre es im hohen Maße erstaunlich, wenn es diese Erscheinungen nicht geben würde.

Probiere es einfach mal aus. Wenn du irgendwo einen Menschen stehen siehst, der dir den Rücken zuwendet, und den du dir gerne anschauen möchtest, dann konzentriere dich auf ihn und denke ganz intensiv: „Dreh dich mal um, ich will dich von vorne sehen." In den allermeisten Fällen geschieht es nach kurzer Zeit. Meist schauen diese Menschen ein wenig verwirrt, so als hätte jemand sie gerufen. Du kannst es auch mit vielen anderen Dingen ausprobieren. Erteilst du harmlose telepathische „Befehle", die niemanden schaden, kannst du feststellen, dass sie meistens unverzüglich befolgt werden.

Bis zu einem gewissen Grad werden die Menschen zu dem, was du über sie denkst. Es ist deshalb klug und sinnvoll, eine gute Meinung von den Mitmenschen zu haben. Wenn du positiv über deine Freunde, Verwandte und Angehörigen denkst, stärkst du damit ihre Entwicklung und ihr gutes Verhalten dir gegenüber.

Im Weiteren solltest du auch dieses bedenken. Da jeder einzelne von uns seine Lebenserfahrungen nach dem unveränderlichen Prinzip „Dir geschieht nach deinem Glauben" erschafft, muss es auch Menschen geben, die an der Verwirklichung deiner schlechten Glaubenssätze mitwirken, auch wenn dieses zumeist unbewusst geschieht, und selbst dann, wenn es sich um unangenehme Lebenserfahrungen für dich handelt. Je schlechter du über die Welt und andere Menschen denkst, umso mehr trägst du zur Entstehung an sich unerwünschter Verhältnisse bei.

Sobald du dieses verstanden hast, wird es für dich bestimmt auch einleuchtend sein, warum es so wichtig ist, dass du dich zu einem Befürworter entfaltest. Du musst ein Pro-Mensch werden und dich immer für das Erwünschte einsetzen, statt als Anti-Mensch ständig gegen alles und jeden zu sein. Werde ein konsequenter Befürworter des Guten, denn du bekommst, worauf du dich konzentrierst! Verfalle nicht wie andere in einen Bekämpfungsmodus, denn wenn du etwas bekämpfen willst, dann muss das zu Bekämpfende als Voraussetzung natürlich erst einmal vorhanden sein. Da Gedanken zur Realität werden, bist du somit fleißig am Produzieren und Erhalten dessen, was du durch die Bekämpfung eigentlich beseitigt haben möchtest.

Wenn du Frieden willst, macht es keinen Sinn, den Krieg zu bekämpfen. Wie sollte das auch jemals Erfolg haben? Die sogenannten „Friedensmissionen" mit denen Soldaten gewaltsam den „Frieden sichern" sollen, sind auch nur wieder kriegerische Akte und damit verbunden, Gewalt gegen andere Menschen. Auf diese Weise wird stets nur neues Leid und neues Unrecht hervorgebracht. Genauso gut könnte man versuchen, einen Brand mit Benzin zu löschen. Es hätte denselben Effekt. Frieden lässt sich nur mit friedlichen Mitteln erschaffen. Alles andere funktioniert nicht. Ebenso wenig, wie sich der Krieg durch Krieg beseitigen lässt, kann Hass, Armut, Mangel, Arbeitslosigkeit etc. durch „Bekämpfen" aus der Welt geschaffen werden. Auch das wird niemals die gewünschten Folgen haben und die angeprangerten Missstände beseitigen.

Das Wissen um diese Dinge kannst du dir zum Erreichen deiner Ziele nutzbar machen. Denn auch im Sinne des Erwünschten kannst du einfach die Behauptung aufstellen, dass es dieses oder jenes, was du dir wünschst bereits existiert, und es somit für dich erreichbar ist.

Es ist sehr hilfreich, wenn du anstehende Probleme als Herausforderungen begreifst, an denen du wachsen und reifen kannst. Sie lassen sich aus dieser Perspektive viel einfacher bewältigen. Bedenke, dass du vom Schicksal nie mehr aufgebürdet bekommst, als du tragen kannst, denn du warst und du bist selbst der Schöpfer deines Schicksals, auch wenn es dir vielleicht nicht bewusst war. Was immer du eventuell als „Last" zu tragen hast, du hast ebenso die Fähigkeit es zu bewältigen. Mache dir das immer wieder klar, auch wenn eine Hürde unüberwindbar erscheint. Du kannst sie überwinden, sowohl die Kraft, wie auch das erforderliche Potenzial stecken bereits in dir. Du musst sie nur aktivieren.

Werde zu einem Überwinder, mit Hilfe deines „Inneren Selbst" kannst du das scheinbar Unmögliche möglich machen. Du kannst Probleme, Mangel, Krankheit, negative Emotionen, Sorgen, Ängste und vieles mehr überwinden. Auch wenn es dir möglicherweise zu Beginn noch völlig aussichtslos erscheint. Alle dafür benötigten Chancen und Lösungen existieren bereits. Sie sind schon vorhanden und sie sind für dich erreichbar. Von ihnen bist du nur durch ein „falsches" Denken getrennt. Lediglich der untaugliche Gebrauch deiner Gedankenkraft trennte dich bisher vom Überwinden deiner Schwierigkeiten. Denke deshalb besser so:

„Ich überwinde jetzt mit Hilfe meines Inneren Selbst alle anstehenden Schwierigkeiten zu meiner vollsten Zufriedenheit. Die Kraft und die Fähigkeiten dafür habe ich. Ich kann es und ich schaffe es! Alles, was ich dafür benötige, ist bereits vorhanden, dafür sorgt mein Inneres Selbst!"

Diese zielführenden Gedanken werden dir dabei helfen.

Bewährte Gedanken und Glaubenssätze

Was immer du in besonderen Einzelfällen auch erreichen willst, formuliere deine Gedanken und Glaubenssätze, die dieses bewirken sollen, in solchen Fällen zielführend. In Abgrenzung zum positiven Denken, das dir zu einer allgemeinen optimistischen Lebenseinstellung rät, geht das zielführende Denken einen Schritt weiter. Es beschreibt, wie du die Kraft deiner Gedanken einsetzen und nutzen kannst, um ganz gezielt wichtige Ereignisse ins Leben zu rufen. Beginnen wir mit

1. Klarheit über Gott, die Schöpfung und das Leben gewinnen

Den meisten Menschen unserer Zeit wurde die falsche Weltanschauung vermittelt, dass die Materie im Verlauf von Milliarden von Jahren Lebewesen hervorgebracht hat, die dann irgendwann im Fortschritt der Evolution die Fähigkeit zum bewussten Denken erlangten. Nach dieser Theorie entstand der Mensch in einer langen Entwicklungsreihe aus einzelligen Amöben und wurde schrittweise zu dem Wesen, das wir heute sind. Diese Auffassung ist gegenwärtig die allgemein akzeptierte und gängige Lehrmeinung an Schulen, Lehreinrichtungen und Universitäten. Sie wird von dort aus ständig an die nächsten Generationen weitergereicht. Natürlich wird diese irreale Meinung mit den üblichen „wissenschaftlichen Erkenntnissen" untermauert, bei denen die „objektiven" Gelehrten gar nicht bemerken, dass sie die benötigten „Beweise" im Außen selbst produzieren.

Das ungewollte Einwirken der Forscher auf den Gegenstand der Beobachtung wird in der Quantenmechanik deutlich, wo es um die kleinsten

Bausteine der Materie geht. Forscher am Weizmann-Institut führten 1998 ein kontrolliertes Experiment durch, das demonstriert, wie Elektronen allein durch den Akt der Beobachtung beeinflusst werden. Das Experiment zeigte weiterhin, dass der Einfluss des Beobachters auf das, was im Bereich der kleinsten atomaren Teilchen tatsächlich geschieht, mit der Intensität der Beobachtung wächst. Lediglich der Umstand der Beobachtung entscheidet darüber, ob Elektronen sich wie Teilchen oder wie Wellen verhalten.

Eine wichtige Rolle in der materialistischen Weltsicht spielte der kürzlich verstorbene und als Genie gefeierte Physiker Stephen Hawking, der es als seine Lebensaufgabe angesehen hatte, der Welt nachzuweisen, dass es keinen Schöpfer und auch kein allumfassendes Bewusstsein gibt. Nun ja, inzwischen wird er wissen, dass er sich mächtig geirrt hatte und dass auch sein Bewusstsein unsterblich ist. So sagte Hawking 1981:

„Wenn das Universum einen Anfang hatte, können wir von der Annahme ausgehen, dass es durch einen Schöpfer geschaffen worden ist. Doch wenn das Universum wirklich völlig in sich selbst abgeschlossen ist, wenn es wirklich keine Grenze und keinen Rand hat, dann hätte es auch weder einen Anfang noch ein Ende; es würde einfach sein. Wo wäre dann noch Raum für einen Schöpfer?"

Eine gute Frage. Hätte Hawking sich interdisziplinär bei Physikern wie z. B. Max Planck, Albert Einstein oder Prof. Dr. Dr. h.c. Hans-Peter Dürr sachkundig gemacht, wäre er vielleicht auf den Gedanken gekommen, dass der Schöpfer zugleich die Schöpfung ist und an diesem Punkt keine wirkliche Trennung gemacht werden kann. Denn alle Atome des gesamten Universums bestehen aus der bewussten Energie des allumfassenden Schöpfergeistes. Jeder Mensch ist ein individueller Teil dieses universellen Bewusstseins, weil Gott alles das ist, was da ist! Alles Sichtbare und alles Unsichtbare.

Das Universum hatte keinen Anfang und es wird nie enden. Es hat auch keinen Rand und kein Außen. Mit diesen Ansichten hatte Hawking durchaus Recht. Er hat leider nur nie verstanden, dass das Universum aus intelligentem Bewusstsein besteht und es mitsamt all seinen individualisierten Einzelwesen unsterblich ist und ewig leben wird.

Falls du in dieser Frage unsicher bist und du nicht so recht weißt, welche Meinung zu diesem Thema die richtige ist, empfehle ich dir, einfach intelligenter zu sein als das „Genie" Hawking. Das ist leichter als du denkst. Erinnere dich an das, was Jesus immer wieder betont hat: *„Worum ihr auch bittet im Gebet, glaubt das ihr empfangen werdet und es wird euch gegeben."* Nutze doch einfach diese Möglichkeit und bitte Gott, sich dir zu erkennen geben. Wenn du glaubst, dass Gott dieses machen wird, dann wirst du ganz eindeutige Antworten bekommen, die dir unmissverständlich seine Existenz, seine Allgegenwart und die Wahrheit beweisen. Du musst nur entsprechend denken und glauben. Mehr ist nicht nötig. So kommst du ohne ein Studium der Kosmologie und ohne jahrzehntelangem Nachdenken zu den richtigen Antworten. Sprich ein Gebet oder denke etwa so:

„Lieber Gott, ich glaube an deine Existenz, bitte gib dich mir zu erkennen."

Es wird so geschehen, sofern du nicht daran zweifelst. Diesen simplen Weg zur Erkenntnis der Wahrheit konnte Hawking natürlich nicht nutzen, denn wenn man die Nicht-Existenz eines Schöpfergottes beweisen will, kann man sich verständlicherweise nicht an diesen Schöpfergott wenden und um Hilfe für die Beweisführung bitten, dass es ihn eigentlich nicht gibt. Aber was Hawking nicht konnte, du kannst es! Dir steht dieser Weg offen, denn du willst ja einen soliden Beweis, dass Gott existiert. Du wirst ihn bekommen. Darauf kannst du getrost vertrauen. Gott steht allen Menschen wohlwollend gegenüber, die nach ihm suchen und ihn verstehen wollen.

2. Lebensstyling & Persönlichkeitsentwicklung

An den nachfolgenden Beispielen zeige ich dir, wie du die Macht deiner Gedanken einsetzen kannst, um dir ein gutes und möglichst sorgenfreies Leben zu gestalten. Das bedeutet nicht, dass du keine Lebensaufgaben und Herausforderungen mehr zu bewältigen hast. Aber die Nutzung solcher Glaubenssätze ebnet die Wege ganz gewaltig und erleichtert die Überwindung auch größter Probleme ganz ungemein. Als erstes solltest du dafür sorgen, dass sich deine Energien nicht mehr zersplittern, damit du sie gebündelt auf ein Ziel richten kannst. Das erreichst du mit diesem simplen Glaubenssatz:

„Wunsch, Wille und Glaube sind für mich dasselbe. "

Mit diesem Glaubenssatz vermeidest du von vornherein mögliche Widersprüche. Weiterhin erreichst du, dass deine Willenskraft ständig auf das Ziel konzentriert bleibt und dass deine Wünsche automatisch zu Glaubenssätzen werden, die vom „Inneren Selbst" realisiert werden. Sehr

186

nützlich sind die weiteren Glaubenssätze, die schon vielen Menschen geholfen haben:

„Ich glaube an die Kraft meines Geistes und erschaffe mit meinen Gedanken, Glaubenssätzen und Gefühlen meine Realität, samt allen äußeren Ereignissen. Ich weiß, dass sich auch meine neuen Glaubenssätze wunschgemäß verwirklichen."

„Was immer ich brauche, das bekomme ich auch und stets ist es zur rechten Zeit für mich da. Dafür sorgt mein Inneres Selbst."

„Ich bin eins mit meinem Inneren Selbst. Ich lasse das Innere Selbst den ganzen Tag durch mich wirken. Es leitet mich und sorgt für mich. Es führt mich auch heute wieder zu größerer Gesundheit, zu Kraft und Harmonie, zum Erfolg, zu Reichtum, Fülle und Überfluss. Es hilft mir immer und in jeder Hinsicht. Es erfüllt mich mit neuer Kraft, neuem Mut, mit Optimismus und einer starken Motivation, und es bewirkt, dass sich mein Leben stetig zum Besseren verändert. Ich denke heute nur das, was dem Inneren Selbst das segensreiche Wirken erleichtert. Ich habe volles Vertrauen in mein Inneres Selbst."

„Mein Inneres Selbst setzt jetzt sein ganzes Wissen, seine Fähigkeiten und Möglichkeiten für mich ein, um mir ein wunderbares Schicksal zu gestalten."

„Ich bin mir selbst ein guter Freund. Ich habe eine positive Einstellung zu mir und meinen Lebenszielen."

„Mein Inneres Selbst, mein Unbewusstes hat einen wundervollen Lebensplan für mich erstellt. Dieser Plan ist perfekt für mich und er verwirklicht sich jetzt ganz unaufhaltsam. Alles, was auf mich zukommt, wird gut für mich sein, und noch viel besser als ich es mir jemals hätte vorstellen können. Der Sinn meines Lebens erfüllt sich."

„Ich konzentriere mich nur noch auf das, was ich liebe und ziehe es damit in mein Leben."

„Mein Leben gehört mir und ich bringe es kreativ und schöpferisch zum Ausdruck."

„Das Glück ist mir ein treuer Freund und Weggefährte."

„Wie ein Magnet die Eisenspäne anzieht, so ziehe ich jetzt all das Gute in mein Leben, das ich für ein glückliches und erfülltes Schicksal brauche."

„Ich mache das Beste aus mir und meinem Leben. Das Leben braucht mich und ich brauche das Leben."

„Ich glaube an mich und an meine Talente und Fähigkeiten."

„Ich bin ein wertvolles, nützliches und anerkanntes Mitglied der menschlichen Gesellschaft."

„Ich bin den Anforderungen meines Lebens gewachsen. Ich kann alle Herausforderungen erfolgreich bewältigen. Ich bekomme nie mehr aufgebürdet als ich tragen kann."

„Ich meistere die Herausforderungen meines Lebens zu meiner vollsten Zufriedenheit."

„Es ist für mich 1.000-mal wichtiger mein Leben nach meinen eigenen Wünschen und Vorstellungen zu führen, als für andere Menschen irgendwelche negativen Rollen zu übernehmen."

„Für mich hat jetzt die glücklichste Zeit meines Lebens begonnen."

„Mein Inneres Selbst verbindet mich mit Menschen, die mir wohlgesonnen sind und die dazu beitragen, dass sich meine vielfältigen Wünsche erfüllen."

3. Gesundheit erlangen und behalten

Wie ich es in "Selbstheilung durch Autosuggestion und Vorstellungskraft" beschrieben habe, ist die Selbstheilung für jeden Menschen grundsätzlich möglich. Die Selbstheilung ist im Wesentlichen nur eine Sache des bewussten Umgangs mit den täglichen Gedanken, den individuellen Glaubenssätzen und den daraus resultierenden Erwartungen. Eine Suggestion zur Wiederherstellung der Gesundheit könnte etwa so aussehen:

„Das Innere Selbst ist unbegrenzt, das Innere Selbst kennt keine Schranken, das Innere Selbst erschafft aus meinem Denken meine gesamte persönliche Realität und alle meine Lebenserfahrungen. Ich gebe jetzt alle gesundheitsschädigenden Gedanken, Glaubenssätze und Verhaltensweisen auf. Das Innere Selbst erschafft meinen materiellen Körper in genauer Kenntnis aller Zellen und

aller Vorgänge in ihm. Das Innere Selbst stellt jetzt die vollstän-
dige Gesundheit meines Körpers wieder her. Ich bin jetzt wieder
vollkommen gesund. Egal was vorher war, alle Organe und alle
Zellen meines Körpers erfüllen jetzt ihre gottgewollten Aufgaben
in vorbildlichster Weise. Genauso ist es jetzt für mich, das glaube
ich jetzt und es gelten für mich in dieser Angelegenheit keine ge-
genteiligen Gedanken und Glaubenssätze mehr. "

Es ist hilfreich, eine solche Suggestion mit viel Gefühl der Freude und
Dankbarkeit möglichst einmal täglich im Zustand der vertieften Entspannung im Unterbewusstsein zu verankern. Es ist immens wichtig, schon
bald so zu tun, als wäre man bereits wieder gesund. Auch wenn es schwer
fällt, aber hier gilt ebenso die bekannte Regel, bereits in der Erwartung
des Erwünschten zu leben, um das Erwünschte zu erlangen! Und zwar
ohne jeden Zweifel! Es versteht sich von selbst, dass man in einer solchen
Situation niemanden um sich herum brauchen kann, der immer wieder
mitleidig an die schlimme Krankheit erinnert.

Bitte bedenke, dass dies nur ein Beispiel ist, das nicht unbedingt zu
deinem persönlichen Bedarf passen muss. Es soll dir nur zeigen, wie deine
neuen Gedanken, die eine Heilung bewirken sollen, in etwa aufgebaut sein
müssen. Für eine individuelle Beratung und Unterstützung stehe ich dir
natürlich gerne zur Verfügung. Hier sind noch ein paar Glaubenssätze, die
sich für den Erhalt eines gesunden Lebens bewährt haben.

„Meine guten und positiven Gedanken sind förderlich für
meine Gesundheit. "

„Ich bin seelisch, geistig und körperlich vollkommen gesund."

„Alle Zellen und alle Organe meines Körpers erfüllen ihre gottgewollten Aufgaben in vorbildlichster Weise."

„Mein Herz ist vollkommen gesund und kraftvoll."

„Jeder Atemzug bringt mir neue Kraft und verbessert meine Gesundheit."

„Ich bin dankbar für meine kraftvolle und robuste Gesundheit."

„Vollkommene Gesundheit ist der natürliche und dauerhafte Zustand meines Körpers."

„Ich bin und ich bleibe gesund."

„Ich liebe meinen Körper, ich achte und schätze ihn. Mein Körper ist mein bester Freund."

„Meine Gesundheit ermöglicht mir ein Leben in Freiheit und Freude."

„Mein Körper hält sich gesund und heilt sich selbst."

„Mein Körper hat eine unerschöpfliche Heil- und Regenerationskraft!"

4. Beziehungen, Liebe und Partnerschaften

Für die meisten Menschen ist eine erfüllte Beziehung die Basis für ein erfolgreiches Leben. Die Qualität dieser Beziehung beeinflusst häufig auch die anderen Dinge, die uns wichtig sind - unser Wohlbefinden, unser Lebensglück und das Leben unserer Kinder. Auch Stress und die Fähigkeit, sich auf Arbeit und Karriere zu konzentrieren, werden von der Beziehungsqualität beeinträchtigt, ebenso wie unsere Gesundheit und unsere Lebensdauer! Deshalb ist eine erfüllte Beziehung so wichtig!

Wie du dich nach dem Scheitern einer Beziehung von eventuellem Liebeskummer befreist, gelingt dir nach dem gleichen Prinzip, das ich in "Schlechtes in Glück und Erfolg umwandeln" beschrieben habe. Grundsätzlich ist Liebeskummer ein Gemisch unterschiedlichster Gefühle, die von schmerzhaften Empfindungen wie Enttäuschung, Frust, Angst und Wut bis zur Trauer reichen. Gebe dich solchen Gedanken und Gefühlen gar nicht erst hin. Je mehr du dich damit geistig befasst und hineinsteigerst, umso schmerzhafter wird es für dich.

Mache dir bewusst, dass du einen anderen Menschen nicht besitzen kannst, du kannst ihn nicht an dich binden, wenn der Partner es nicht will. Wenn jemand aus freien Stücken nicht mehr bei dir sein will, dann lass ihn/sie gehen. Lasse los von ihm/ihr, du kannst keinen Menschen zwingen, dich zu lieben. Konzentriere dich völlig auf die Gegenwart, auf den gegenwärtigen Moment und nutze die Macht deiner Gedanken dazu, dir eine bessere Zukunft zu erschaffen. Denke immer daran, dass die Gedanken, die du heute denkst, deine Realität von morgen bilden. Für dich und deine seelische Gesundheit ist es deshalb besser, beispielsweise so denken:

„Vielen Dank für die schöne Zeit, die wir gemeinsam hatten. Nun ist sie zu Ende. Gehe in Frieden deine weiteren Wege ohne mich. Ich lerne daraus, was ich lernen muss, aber ich weiß auch, dass für mich jetzt etwas viel Besseres kommt – und darauf freue ich mich schon."

Verfährst du so, wirst du sehr schnell merken, wie es dir wieder besser geht und der Liebeskummer sich verflüchtigt. Allerdings solltest du dir den Gefallen tun und auch genau hinsehen, welchen Anteil du selbst am Misslingen dieser Beziehung hattest. Verschließe davor nicht die Augen, sondern lerne daraus. Mache dir bewusst, dass jedem Scheitern entsprechende negative Gedanken vorausgingen, entweder deine oder die des Partners. Auch wenn sie nie ausgesprochen wurden, haben heimliche Gedanken des Ärgers und des Grolls oder generell schlechte und abwertende Glaubenssätze über den Partner/Partnerin ihre entsprechenden Folgen, denn besonders in engen Beziehungen neigt ein Partner dazu, bis zu einem gewissen Grad genau das zu werden, was der andere über ihn denkt. Es liegt auf der Hand, dass es dann allemal besser ist, Gutes über den Partner zu denken und zu glauben – man tut sich selbst damit einen Gefallen. Eine dauerhafte erfüllte Beziehung ist nur möglich, wenn jeder der beiden positiv und wohlwollend über den anderen denkt, wozu auch das echte Verzeihen von Fehlern und die liebevolle Akzeptanz des anderen gehört.

Niemand muss in einer Partnervermittlung viel Geld ausgeben, um für sich den idealen Partner/in zu finden. Viel besser, sicherer und günstiger geht es, wenn du damit dein eigenes „Innere Selbst" beauftragst. Das geht beispielsweise so, wenn eine Frau einen passenden Mann sucht:

„Ich wünsche mir einen liebevollen Mann, der ideal zu mir passt. Er ist attraktiv, ehrlich und hat einen guten Charakter. Er ist ein wundervoller Mann, dem ich meine ganze Liebe schenken kann. Ich liebe ihn so, wie er ist. Diesen Mann gibt es für mich und er existiert irgendwo. Schon jetzt verbindet uns ein festes geistiges Band der Liebe und zieht uns ganz unwiderstehlich zueinander hin. Irgendwie werden wir uns jetzt begegnen. Zusammen werden wir glücklich sein. Genau das geschieht jetzt für mich – dafür sorgt mein Inneres Selbst!"

In diesem Zusammenhang habe ich die Erfahrung gemacht, dass auch im positiven Sinne Situationen und unwiderstehliche Handlungsimpulse entstehen, die nun allerdings unentrinnbar ins Glück führen. Anders gesagt, man kann seinem Glück nicht entkommen, wenn man sich entsprechend mit den geeigneten Glaubenssätzen und Gefühlen „programmiert" hat. Es passiert genau das, was man dachte, glaubte und wünschte – ganz „zufällig"!

Ich möchte es an dieser Stelle noch einmal deutlich wiederholen. Wir alle leben in einer Situation, in der Gedanken sich realisieren. Es ist deshalb zwingend erforderlich, dass du genau das denkst, was du erreichen und erleben willst. Willst du Gutes mit deinem Partner erleben, dann musst du auch dieses Gute über ihn denken. Aber auch über dich selbst und dein eigenes Leben solltest du grundsätzlich nur gute Glaubenssätze haben.

„Ich bin attraktiv."

„Ich bin es wert geliebt zu werden."

„Ich bin begehrenswert."

„Ich habe eine positive Ausstrahlung."

„Ich bin freundlich und sympathisch."

„Ich bin ein wunderbarer Mensch und voller Liebe."

„Ich bin authentisch und verstelle mich nicht, um anderen Menschen zu gefallen."

„Ich mag die Menschen."

Eine bestehende Beziehung verbesserst du generell mit solchen Gedanken:

„Meine Frau/Mann und ich verstehen uns jetzt von Tag zu Tag immer besser und besser."

3. Eine gute und passende Arbeitsstelle finden

Hin und wieder kann es erforderlich werden, sich beruflich umzuorientieren. Die Gründe für diese Notwendigkeit können ganz unterschiedlich sein, aber die beste Lösung ist immer dieselbe. Du gehst im Geist einfach davon aus, dass es den neuen Job für dich bereits gibt. Am besten denkst du so:

„Es gibt einen beruflichen Arbeitsplatz für mich, den niemand besser besetzen kann als ich. Es ist eine Tätigkeit, die ideal zu mir passt, die mir viel Geld einbringt und die mich glücklich macht. Dieser Job existiert bereits und er ist schon jetzt für mich reserviert. Es ist bereits heute mein Job. Es ist eine nützliche Aufgabe, die sowohl mir, wie auch meinen Mitmenschen hilft. Ich tue mein

Bestes in dieser Berufung, es ist eine Aufgabe, die ich mit meinen Talenten und Fähigkeiten 100%ig bewältigen kann. Dieser Job und ich finden jetzt ganz unvermeidlich zueinander. Mein Inneres Selbst sorgt dafür, dass es jetzt genauso geschieht."

Hilfreich sind auch weitere zielführende Glaubenssätze, wie die nachfolgenden. Sie sollten zu deiner "Standardausstattung" gehören, denn sie wirken sich überaus positiv in deinem Berufsleben aus.

„Ich arbeite gerne. Arbeit ist für mich ein Teil der persönlichen Lebenserfüllung."

„Ich folge voller Vertrauen meiner wahren Berufung. Ich gehe jeden Tag, jeden Augenblick weiter voran in Richtung meines Erfolges."

„Meine Arbeit macht mir Spaß, sie geht mir schnell und gut von der Hand."

„Ich habe Erfolg, mein beruflicher Aufstieg geht rasch, zügig und unaufhaltsam voran."

„Unzählige Menschen helfen mir jetzt, wirken mit und tragen dazu bei, dass mein beruflicher und mein finanzieller Erfolg immer größer und immer großartiger wird."

„Welche Geschäfte und Arbeiten ich auch immer erledige und welche Aktivitäten ich auch immer durchführe, sie gelingen mir."

„Alle Ideen, alle finanziellen Mittel und die erforderlichen Kontakte sind jetzt in meinem Leben vorhanden. Es ist leicht und einfach für mich Erfolg zu haben."

„Meine beruflichen Tätigkeiten machen mich reich. Für mich ist es jetzt ganz einfach, viel Geld zu verdienen. Ich finde immer neue und gute Wege, Geld zu verdienen."

„Ich glaube an die Unendlichkeit von Glück, Erfolg und Reichtum."

„Was ich einmal angefangen habe, bringe ich auch erfolgreich zu Ende."

„Meine Arbeit und meine beruflichen Tätigkeiten bringen mir das viele Geld ein, das ich mir wünsche."

6. Geld & Wohlstand erlangen

Das Leben selbst ist Reichtum, Fülle und Überfluss, es ist deshalb absolut falsch, sich gedanklich mit Mangel zu befassen. Der Gedanke an Mangel wird nur Mangel hervorrufen, bzw. ihn weiter verstärken. Wenn du eine Veränderung vom Mangel zum Wohlstand bewirken willst, gelingt es dir nur, wenn du dich in Gedanken mit Reichtum, Fülle und Überfluss befasst. Es macht keinen Sinn, zu jammern und sich selbst zu beklagen, wenn du nicht genug Geld hast, um dir deine Wünsche zu erfüllen. Der Mangel wird nur überwunden, wenn du ihn im Innern deiner eigenen Psyche durch Gedanken, Bilder und Gefühlen des Wohlstands auswechselst. Wenn du deine Einstellungen zu Geld und Wohlstand verbessern willst, habe ich nachfolgend ein paar sehr nützliche Glaubenssätze für dich.

„Mein Inneres Selbst setzt sein gesamtes Wissen, seine Möglichkeiten und Fähigkeiten für mich ein, um mir ein Leben in Wohlstand und Reichtum zu ermöglichen. Was immer ich dazu beitragen muss, das mache ich jetzt auch – selber, gründlich und zur richtigen Zeit, dafür sorgt mein Inneres Selbst!"

„Wie ein Magnet die Eisenspäne anzieht, so ziehe ich ganz selbstverständlich Geld und Wohlstand in meinen Besitz."

„Mühelos ziehe ich großen Reichtum und Geld in mein Leben."

„Geld fließt unaufhaltsam aus vielfältigen Quellen in mein Leben."

„Ich bin glücklich und dankbar, weil ich bereits den ganzen Reichtum besitze, den ich mir wünsche."

„Ich bin ein Magnet für Chancen und Möglichkeiten, die mich reich und erfolgreich machen."

„Ich liebe das Geld. Geld ist gut für mich und fließt ungehindert in mein Leben."

„Von Tag zu Tag werde ich reicher und vermögender."

„Meine Konten und mein Portemonnaie füllen sich immer mehr und mehr mit Geld."

„Ich bin dankbar für meinen Wohlstand."

„Es ist meine Bestimmung reich zu sein, denn Reichtum ist etwas Gutes."

„Geld und finanzielle Unabhängigkeit sind wichtig für mich,
denn der Reichtum ermöglicht mir die Erfüllung meiner anderen
Wünsche."

7. Übergewicht

Im Verlauf des Lebens kann es schon mal passieren, dass man unvermutet ein paar Kilos zu viel auf die Waage bringt. Das Übergewicht kann aus verschiedenen mentalen Gründen heraus entstanden sein. Richtig ist aber in jedem Fall, dass dem Körper mehr Kalorien zugeführt werden, als er aktuell benötigt. Die überschüssigen Kalorien legt er als Fettreserven an. Es liegt also auf der Hand, dass es sich dabei im Wesentlichen um ein individuelles Fehlverhalten in der Ernährung handelt, welches wiederum seine Ursache in nicht geeigneten Glaubenssätzen hat. Will man die überflüssigen Pfunde wieder loswerden, beginnt auch bei diesem Thema die erwünschte Veränderung mit einem veränderten Denken und daraus resultierend, die Veränderung der Glaubenssätze in der Psyche des Übergewichtigen. Hier helfen folgende Gedanken:

„Ich ändere meine Einstellungen zur Ernährung und zu meinem
äußeren Erscheinungsbild. Ich gebe jetzt alle Glaubenssätze auf,
die für mein Übergewicht verantwortlich sind. Stattdessen glaube
ich jetzt dieses:

Ich habe jetzt mein Wunschgewicht von xx kg erreicht. Ich bin
jetzt wieder schlank. Ich bin nicht mehr zu dick, ich bin nicht

mehr zu fett. Ganz automatisch nehme ich jetzt täglich weniger Kalorien zu mir als mein Körper braucht. Ich habe kein Verlangen mehr nach fettem Essen, nach Fast Food und nach Süßigkeiten aller Art. Ich esse jetzt lieber kalorinarme Nahrungsmittel. Jeden Tag verliere ich ein wenig Körpergewicht. Um glücklich zu sein, brauche ich keine Süßigkeiten und auch keine Schokolade. Ich bin aus mir selbst heraus glücklich. So ist es jetzt für mich und alle gegenteiligen Gedanken gelten nicht mehr für mich."

Eventuell kann es darüber hinaus sinnvoll sein, sich einer Gruppe Gleichgesinnter anzuschließen. Das Internet bietet sehr viele solcher Möglichkeiten. Hilfreich ist es sicher auch, ganz bewusst kalorienreiche Lebensmittel gegen ähnliche, aber kalorienarme auszutauschen.

Mir persönlich hat die kostenlose App YAZIO für Android-Smartfons sehr gut gefallen. Damit hast du Zugriff auf eine Riesendatenbank mit den Kalorienwerten aller möglichen Lebensmittel. Du bekommst somit einen wertvollen Überblick über den Kaloriengehalt deiner bevorzugten Nahrungsmittel, was eine Ernährungsumstellung zum Zweck der Gewichtsreduzierung deutlich einfacher macht.

8. Zum Schluss noch die Lösung eines anderen Problems

Ich wurde schon mehrmals gefragt, was zu tun ist, wenn zwei Personen gegenteilige Ansichten in derselben Angelegenheit haben und keiner von beiden bereit ist nachzugeben. Was würde sich verwirklichen? Die Antwort ist sehr einfach, deine Glaubenssätze natürlich - sofern du dir auch die nachfolgenden Glaubenssätze angeeignet hast:

„Für mich gelten nur meine ureigenen positiven, lebens- und erfolgsbejahenden Gedanken, die ich mir über mich, über mein Leben und mein Schicksal selber mache. Dahinter müssen die Gedanken anderer zurückstehen."

„Meine eigenen Gedanken haben immer Vorrang vor den Gedanken anderer, wenn es um mich und mein Leben geht."

„Heute ist es mir völlig egal, was andere Menschen schlechtes über mich denken und glauben. Was andere Menschen über mich denken ist allein ihre Sache und kein Problem für mich."

„Ich weise alle negativen Fremdsuggestionen zurück, ich reagiere nicht auf negative Fremdsuggestionen."

Was die Verwirklichung von Wünschen und Plänen in einer Beziehung angeht, habe ich die Erfahrung gemacht, dass Glaubenssätze, die beide Partner gemeinsam haben, sich scheinbar über Nacht verwirklichen, so schnell kann es gehen. Wenn gar ein gesamter Familienverbund oder eine ähnliche Gruppe ganz bewusst etwas Neues denkt und glaubt, kann man mitunter dabei „zusehen", wie das Erwünschte zur Realität wird.

Es ist deshalb erstrebenswert, sich für ein gemeinsames Leben einen Partner oder eine Partnerin mit gleichem Kenntnisstand zu wählen. Damit meine ich einen Menschen, der in der Lage ist, ganz bewusst mit seinen Glaubenssätzen umzugehen und der auch bereit ist, bei eventuell anstehenden Veränderungen mit dir gemeinsam gezielt geeignete Glaubenssätze auszuwählen und zu glauben.

Hans-Georg Koch

Ein Paar Worte zum Schluss

Das wichtigste Wissen, das sich ein überhaupt Mensch aneignen kann, ist wahres spirituelles Wissen. Denn erst die Kenntnis der spirituellen Grundlagen unserer Existenz versetzt ein Individuum in die Lage, sich zielstrebig und bewusst die Lebenserfahrungen zu erschaffen, die es machen möchte. Besonders wichtig ist dieses Wissen für Menschen, die vor großen Problemen und Herausforderungen stehen. Ihnen steht der wunderbare Weg offen, aus eigener innerer Kraft heraus alle anstehenden Schwierigkeiten erfolgreich zu überwinden. An den ausgesuchten Beispielen, habe ich beschrieben, dies anzustellen ist.

Ich empfehle dir, lerne dazu und mache dich mit den echten Grundlagen unseres Lebens vertraut. Du wirst auf jeden Fall Nutzen daraus ziehen. Und wenn es nur die simple Erkenntnis ist, dass du nicht einmal mehr Angst vor dem Tod haben musst, weil du niemals ausgelöscht werden kannst, sondern ewig lebst.

Wenn du vor einer Herausforderung stehst, die du deiner Meinung nach nicht ohne Hilfe meistern kannst, stehe ich dir für eine individuelle Einzelberatung und auch weitergehende Unterstützung gerne zur Verfügung. Du erreichst mich unter der eMail:

hgk@spiritualcenter.de

Ich wünsche dir viel Spaß bei der Lektüre und hoffe sehr, dass ich zur Klarheit über dein Leben beitragen konnte und dass es mir auch gelungen ist, dich ein wenig zum Nachdenken anzuregen.

- **1** Der Begriff „Bewusstsein" hat im Sprachgebrauch sehr vielfältige Bedeutungen, die sich teilweise mit den Bedeutungen von „Geist" und „Seele" überschneiden. Eine allgemein gültige Definition des Begriffes „Bewusstsein" ist deshalb kaum möglich. Wenn ich in diesem Buch von „Bewusstsein" spreche, meine ich damit eine unzerstörbare geistige Energie, die sich ihrer selbst bewusst ist, die über eine unvorstellbar hohe Intelligenz verfügt, die kommunizieren, wahrnehmen, denken, fühlen und planen kann und in der Lage ist, die eigene Lebensenergie kreativ als Baumaterial für Neues, vorher nie Dagewesenes zu nutzen.

- **2** Max Planck, deutscher Physiker und einer der anerkanntesten Wissenschaftler der Menschheitsgeschichte / Quelle: Wissenschaftsmagazin Matrix 3000, Ausgabe November/Dezember 2005, ISBN 3-89539-820-9

- **3** wie vor

- **4** Hans-Peter Dürr in seinem Buch: „Es gibt keine Materie" Deutsche Originalausgabe 2. Auflage 2012 - ISBN 978-3-86191-028-2 - © Crotona Verlag GmbH & Co.KG

- **5** Wer mehr über den Fall Vicki Noratuk erfahren möchte, dem empfehle ich die BBC-Dokumentation "The Day I Dead", die auf Youtube zu finden ist. Vickis Fall wird in Teil 6 behandelt.

- **6** Soul Survivor. Ein Junge erinnert sich an ein Leben vor seiner Geburt. Allegria Verlag 2017

- **7** WDR-Sendereihe Quarks & CO: Der Placebo-Effekt – Glaube als Medizin?

- **8** Broschüre Quarks und Co. Der Placeboeffekt - Glaube als Medizin?

- **9** https://www.cnbc.com/2018/04/11/goldman-asks-is-curing-patients-a-sustainable-business-model.html